# INHALT

# Vorwort

Vor ungefähr 10 Jahren hätte ich dir auf die Frage, was meine Stärken sind als zwei der ersten Organisationstalent und Strukturen zu schaffen genannt. Es bereitete mir keine Probleme immer mehrere Bälle gleichzeitig in der Luft zu halten, dabei den Überblick zu bewahren und trotzdem noch völlig gelassen zu sein. Und was mir absolut nie schwierig erschien, war unseren Zwei-Personen-Haushalt zusammen mit meinem Mann zu führen- und zwar makellos.

Doch dann kamen die Kinder. Plötzlich fand ich mich im absoluten Chaos wieder. Ich fühlte mich, als wäre ich im Leben eines anderen aufgewacht und dieses Leben hatte so gar nichts mit dem ordentlichen und strukturierten Leben von davor gemeinsam.

Es gab Zeiten, da musste man wahre Berge an Jacken, Schuhen und Taschen erklimmen um überhaupt in unsere Dreizimmerwohnung zu gelangen, in der wir damals noch zu fünft lebten. Die Wäsche lag nicht nur im Bad verstreut, sondern auch in allen anderen Zimmern und Ecken. Und die Küche sah aus, als würde sich dafür seit Wochen keiner mehr verantwortlich fühlen mit all dem dreckigen Geschirr, den Babyfläschchen die auf das nächste Auskochen warteten und den Essensresten die herum standen. Und das Wohnzimmer, das den Großteil unseres Spielzeugs beherbergte, erinnerte an einen Spielzeugladen in dem ein wütendes Kind alles aus den Regalen gezogen hatte, weil Mama nicht den kleinen Gummidrachen kaufen wollte.

Kurzum, unser einst so gemütliches Zuhause ähnelte einem Schlachtfeld und von Struktur und Organisation war weit und breit nichts mehr zu sehen.

Erschwerend kam hinzu, dass wir unsere drei Kinder in knapp vier Jahren bekommen hatten und so ab der Geburt meines zweiten Kindes immer ein Baby und ein Kleinkind gleichzeitig meine Aufmerksamkeit forderten.

Diese Zeit war für mich, die ich mich bis dahin nur in einer ordentlichen und sauberen Umgebung entspannen konnte, eine riesen Herausforderung. Und mir wurde schnell klar, dass ich möglichst zügig einen Weg aus dieser dauernden Unordnung finden musste.

Natürlich war mir da mein anfänglich erwähntes Talent zu ordnen und strukturieren eine Hilfe, aber eine noch wichtigere Eigenschaft, die ich damals nicht besaß und mir im Laufe der Zeit hart erarbeiten musste, war in der Kleinkind Phase noch wichtiger. Nämlich die Fähigkeit wo nötig Abstriche zu machen und dabei gnädig mit mir selbst zu bleiben.

Schließlich ist die Zeit mit einem Neugeborenen und mit Kleinkindern wahrscheinlich eine der intensivsten in unserem Leben. Nicht nur stehen wir als Frau vor körperlichen Herausforderungen die uns davor unbekannt waren, wie die Nachwirkungen einer Entbindung, sondern auch vor emotionalen Riesen, wie die totale Selbstaufgabe, wie sie unsere Kinder in diesem Alter manchmal fordern. Aber auch für Papa steht die ganze Welt Kopf und er muss ebenfalls einen Weg finden mit all den Veränderungen dieser Zeit klar zu kommen.

Deshalb will ich dir zuallererst sagen: Die Zeit in der dein Haushalt immer strukturiert, sauber und geordnet ist, hat an dem Tag geendet an dem ihr mit eurem ersten Kind im Maxicosi aus dem Krankenhaus nach Hause gekommen seid. Deshalb müssen wir lernen was unseren Haushalt angeht mit weniger zufrieden zu sein und vielleicht sogar akzeptieren, dass ein unangekündigter Besucher ab jetzt manchmal einfach das ganze Ausmaß der Verwüstung zu Gesicht bekommen wird.

Trotzdem können wir uns aber Stück für Stück mit einigen Tricks und Routinen so einiges an Ordnung und Sauberkeit zurück erobern. Dafür braucht es Zeit in der wir umlernen und auch unsere Kinder mitnehmen, hinein in neue Routinen und Abläufe.

Heute haben wir unseren Haushalt wieder im Griff, meistens zumindest. Oft ist es hier aufgeräumt und geputzt. Nicht wie davor, aber trotzdem schön und ansehnlich.

Und das ist auch das Ziel: Diesen Stand die meiste Zeit zu halten, und dazu mit den Situationen leben zu können in denen das eben nicht geht. Dann wenn aufgeschlagene Knie, die neue Grippewelle oder Berge an Hausaufgaben unsere Zeit fordern und das zu Recht. Dann herrscht eben mal wieder eine Weile Chaos.

Aber dann wissen wir ja erstens, mit welchen Tricks wir den Weg wieder heraus finden, und zweitens, dass unsere Kinder wichtiger sind und dass es einfach zu unserem neuen Leben dazu gehört, dass unsere Scheiben zuweilen übersät sind mit Handabdrücken und unser Fußboden mit Knete Resten. Aber das ist auch okay so. Ein gesunder Mittelweg ist eben die Lösung und nicht perfekt zu sein!

# Haushalt mit Babies und Kleinkindern

Zuerst widme ich mich hier bewusst dem Thema „Haushalt mit Babies und Kleinkindern“, da es uns im Leben mit Kindern einfach als erste große Hürde begegnet. Später gehe ich dann vor allem auf das Führen des Haushaltes mit etwas älteren Kindern ein.

Als allererstes will ich dir sagen, dass wenn du im Moment ein Baby oder Kleinkind hast, du mit dir selbst gnädig sein musst. Ich hatte selbst, durch den geringen Abstand zwischen meinen Kindern, zweimal ein Baby und ein Kleinkind zur selben Zeit. In dieser Zeit lief hier so einiges aus dem Ruder und Strukturen und Routinen mussten sich dem stetigen Wechsel von Schlafzeiten und Bedürfnissen immer wieder neu anpassen. Schließlich ist in dieser Zeit am wichtigsten genau diesen Bedürfnissen deiner Kinder gerecht zu werden. Du musst dich also damit abfinden Abstriche im Haushalt zu machen.

Dennoch gibt es den einen oder anderen Trick, der dir helfen kann auch in dieser Zeit nicht völlig die Kontrolle zu verlieren. Aber auch hier sei wieder gesagt, dass nach einer durchwachten Nacht oder wenn dein Baby einen besonders schlechten Tag hat, die Ausnahme eben manchmal zur Regel wird und man einfach mit mehr Chaos leben lernen muss.

Auch brauchst du in dieser Zeit mehr Hilfe von deinem Partner und gute Absprachen sind hier besonders wichtig.

Aber nun zu den Haushaltstipps in der Zeit mit Babies und Kleinkindern.

## 1. Beantrage eine Haushaltshilfe

Wenn du gerade frisch entbunden hast oder eine schwierige Schwangerschaft hast und deshalb Hilfe brauchst, dann steht dir eine Haushaltshilfe zu. Dabei kann es bei privaten Krankenversicherungen schwieriger sein diese Hilfe zu bekommen als bei gesetzlichen. Dennoch ist es einen Versuch wert.

Ich weiß aus eigener Erfahrung wie schwer es uns manchmal fällt, jemanden fremden in unserem Zuhause zuzulassen, aber ich habe auch erfahren, dass als ich mich darauf eingelassen hatte die Entlastung trotzdem groß war.

Also kann ich dir nur sehr raten nicht zu warten bis der Leidensdruck zu groß ist, sondern dich rechtzeitig mit deinem Arzt in Verbindung zu setzen und ihm zu erklären, dass du Hilfe brauchst. Und hier ist einer der seltenen Fälle, wo Mama durchaus auch mal jammern sollte und das Ganze nicht zu schön reden muss. Dann ist nämlich die Chance höher, dass dein Arzt dir eine Hilfe verschreibt.

Auch später, wenn du mal sehr krank sein solltest, kannst du in einzelnen Fällen noch eine Haushaltshilfe bekommen und solltest dies in jedem Fall probieren, wenn Not am Mann ist.

## 2. Tragetuch und Tragehilfe

Für manche mag es banal klingen, aber für mich war es ein Lebensretter. Die Tragehilfe. Meine Kinder waren alle drei als Babies lange Zeit noch nicht so weit in ihrem Bettchen ihre Tagesschläfe zu machen und so hatte ich sie viel am Körper im Tragetuch oder der Tragehilfe. So schliefen sie entweder während ich die Hände frei hatte und etwas den Haushalt bewältigen konnte oder genossen es später alles was ich machte, sehen zu können. Ein Tipp hierzu ist vielleicht noch, dass du wenn dein Baby schläft, eher die Arbeiten machen kannst, bei denen du viel hin und her laufen musst, da die Kleinen das stärkere Schaukeln meist gemütlicher finden und dabei besser schlafen. Arbeiten wie Geschirr spülen oder bügeln sind daher nicht so geeignet.

## 3. Arbeit in kleineren Etappen erledigen

Meine jüngste Tochter konnte sich lange Zeit gar nicht alleine beschäftigen und war wirklich ununterbrochen an meinem Bein. Deshalb habe ich bei ihr alles in kleinen Etappen gemacht. Ich habe ihr erklärt, dass ich jetzt kurz das Bad putze und dann mit ihr spiele. Stell dich drauf ein, dass du immer nur kurze Zeiten hast um etwas zu erledigen und dann wieder ein Buch vorliest oder einen Turm mit deinem Kind baust. So ist die Arbeit zwar etwas stockend und gestückelt aber das ist immer noch besser als zu gar nichts zu kommen.

## 4. Babies wollen zuschauen

Babies sind meistens sehr gerne möglichst nah bei Mama. Das ist normal und auch schön. Bei Hausarbeiten kann das abgesehen von der Nutzung eines Tragetuchs manchmal schwierig sein. Trotzdem gibt es verschiedene Möglichkeiten dem Bedürfnis der Kleinen gerecht zu werden.

Meine Babies lagen oft in Bauchlage auf dem Stillkissen auf unserem Esstisch wenn ich Wäsche faltete oder ich saß auf dem Boden direkt bei ihnen. So konnten sie zuschauen und hatten außerdem meine Ansprache. Dadurch waren die Perioden in denen sie friedlich waren oft länger und ich konnte mehr erledigen.

Eine andere Möglichkeit ist es, dein Baby in eine Babywippe zu legen und einfach von Zimmer zu Zimmer mitzunehmen. Auch hier haben sie dich im Blick und du kannst weiter mit ihnen sprechen, singen und Witzchen machen. So halten die Kleinen etwas länger durch.

## 5. Küchenstuhl für Kleinkinder

Inzwischen gibt es sie überall zu kaufen, aber du kannst sie auch leicht selbst zimmern, die Stühle, auf denen das Kleinkind sicher steht und auf die Arbeitsplatte in der Küche schauen kann, wenn du das Mittagessen vorbereitest oder spülst. Das ist wirklich eine große Hilfe, da ich die Erfahrung gemacht habe, dass meine Kinder mich sehr viel geduldiger etwas arbeiten ließen, wenn sie zuschauen und mitmachen konnten als wenn sie alles nur von unten betrachten konnten. Außerdem haben diese Stühle den Vorteil, dass du nicht ständig schauen musst, dass dein Kind nicht hinunter fällt und deswegen etwas beruhigter arbeiten kannst.

## 6. Kinder „anspielen“

Nimm dir Zeit dein Kleinkind „anzuspielen“. So wird es in der Pädagogik genannt, wenn du deinem Kind eine Spielidee unterbreitest und kurz mitspielst, bis das Kind daran Freude gefunden hat und vertieft ist. So baust du also beispielsweise die ersten Mauern des Lego Hauses und dein Kind baut weiter. Oder du legst einige Bücher auf den Boden und blätterst darin und zeigst einige Bilder. Es gibt viele Möglichkeiten das Spiel für dein Kind spannend zu machen. Hat es geklappt, so schleiche dich aus dem Zimmer und wenn du Glück hast, kannst du für einige Zeit deine Aufgaben erledigen ohne gestört zu werden. Meiner Erfahrung nach ist der Erfolg hierfür sehr von der Persönlichkeit des Kindes abhängig, aber selbst bei Kindern die nicht gerne allein spielen klappt es immer wieder und wenn nicht, dann entscheide dich einfach eine Qualitätszeit mit deinem Kind daraus zu machen und später weiterzuarbeiten.

## 7. Lass dein Kind mithelfen

Kleinkinder wollen gerne alles mitmachen, was die Mama gerade macht. Die Entscheidung, die ich hierbei irgendwann getroffen habe, ist, dass ich das Chaos, das durch das „Helfen" des Kindes eventuell entsteht, in Kauf nehme und die Zeit nutze in der das Kleine beschäftigt ist um im Eiltempo meine Aufgaben zu erledigen. Denn das Aufputzen der Unordnung dauert meist sehr viel kürzer als wenn ich versuche die gleichen Arbeiten mit einem ungehaltenen Kind zu erledigen. So ließ ich meine Kinder also Kochen auch Gemüse schneiden, auch wenn alles was sie taten nur das Verteilen der Stückchen war und fegte hinterher schnell alles zusammen. Oder ich gab ihnen einige Nudeln und etwas Wasser in ihren Kindertopf auch wenn dann der Boden in der Küche nass war und ich das Kind vielleicht umziehen musste. Das Kleine hatte dafür großen Spaß und ich einige Minuten ungestörte Arbeitszeit.

## 8. Entdeckerkiste anlegen

Wenn du mal wieder kurz durchwischen möchtest, ohne dass dein Kleinkind durch den nassen Raum watschelt, dann lege doch eine Entdeckerkiste an. Da kommen lauter recht ungewöhnliche Dinge rein, mit denen sich das Kind dann auch nur in solchen speziellen Fällen beschäftigen darf. Danach muss die Kiste dann sofort verschwinden, damit sie ihren Reiz behält.

In unserer Entdeckerkiste waren immer einige dieser sonderbaren Lockenwickler, oder Haftwickler, verschieden große Igelbälle, einige Schraubgefäße, Rasseleier und bunte Tücher, große Holzperlen und dicke Holzringe sowie kurze Stücke dicker Schnur drin. Außerdem eignen sich Holzkochlöffel oder andere ungefährliche Küchenutensilien die etwas Lärm machen gut.

Diese Kiste war jahrelang im Gebrauch und hat immer wieder dafür gesorgt, dass ich kurz am Stück etwas arbeiten konnte, da mein Kleinkind glücklich am Entdecken war. Und auch als Geschenk für Freundinnen kam sie immer sehr gut an.

## 9. Kinder putzen lassen

Kleinkinder lieben Wasser. So hatten meine Kinder immer wenn ich putzte auch einen kleinen Eimer voll warmem Wasser und einen kleinen Lappen. Die kleine Größe ist hier wichtig, da sich dann das Ausmaß an hinterher zu beseitigender Sauerei in Grenzen hält. Auch hier gilt wieder die Devise, dass das bisschen Wasser und hinterher Kleidung wechseln auf jeden Fall weniger Zeit in Anspruch nimmt, als wenn man versucht mit einem unzufriedenen Kind das zu erreichen, was man in der Zwischenzeit schaffen konnte. Außerdem ist es einfach schön einem kleinen Kind zuzusehen wie viel Spaß es dabei hat, selbst putzen zu können und das allein macht schon Freude am Putzen.

## 10. Plastikdosenschublade

Es ist der Klassiker, aber immer noch genauso wichtig. Räume zerbrechliche Gegenstände in der Zeit mit Kleinkindern in den Küchenschränken weit nach oben und robuste Dinge nach unten. Vergiss dabei nicht die Plastikdosen in einer für dein Kind gut erreichbaren Schublade zu verstauen. Diese Schublade kann es dann Tag für Tag nach Belieben ein- und ausräumen und du hast etwas Zeit die Küche zu machen. Später kannst du deinem Kind dann verschiedene Nudelsorten oder Bohnen, Linsen und Erbsen geben und es diese in die Schüsseln sortieren lassen. Gehe aber vorher sicher, dass das Kind die Dinge nicht mehr in den Mund nimmt, da es sich sonst verschlucken könnte.

## 11. Muffinblech

Muffinbleche waren für mich oftmals eine tolle Hilfe, wenn ich in der Küche zu tun hatte. Mit den 12 kleinen Abteilen in die man Gegenstände einräumen kann, waren meine Kinder oft eine ganze Weile beschäftigt.

Dazu noch eine Tüte mit Haushaltsgummis und das Sortieren und Umsortieren erfreute meine Kinder immer wieder aufs Neue.

Hier sind deiner Phantasie keine Grenzen gesetzt. Auch Holzperlen, Nudeln, Bohnen, Flummis etc. lassen sich toll in die Bleche sortieren. Damit ist dein Kind dann sicher eine Weile beschäftigt.

## 12. Putzmittel sichern

Wenn du einen Haushalt führst in dem ein mobiles Baby oder Kleinkind wohnt, dann möchte ich dich unbedingt daran erinnern, dass Putzmittel und weitere Chemikalien unbedingt in einem Schrank mit Kindersicherung aufbewahrt werden müssen.

Auch wenn dein Kind deine Küchenschränke im Moment vielleicht noch nicht öffnen kann, dann kannst du einfach nie abschätzen, wann es den nächsten Entwicklungsschritt schafft und das doch hinbekommt. Um einer Vergiftung vorzubeugen, solltest du also an jedem Schrank mit Putzmitteln eine Kindersicherung anbringen.

# Hilfreiche Routinen mit Kindern

Immer wieder hören und lesen wir als Mütter, wie wichtig Routinen für unsere Kinder sind, da sie ihren Alltag durchschaubarer und verständlicher machen. Wenn Kinder ihre Routinen kennen, fühlen sie sich mit den Abläufen des Alltags wohl und ihnen ist vertraut, was wir von ihnen erwarten.

Aber der Vorteil von Routinen ist natürlich nicht nur auf Seiten der Kinder. Auch mir als Mama machen unsere Routinen unseren Alltag sehr viel einfacher und so manches Haushaltsproblem kann durch sinnvolle Routinen gelöst werden.

Das wichtige an Routinen, die auch auf lange Zeit funktionieren sollen, ist, dass sie klar und einfach sein müssen, einfach formuliert werden und immer und immer wieder eingeübt werden, bis sie für die Kinder zur Selbstverständlichkeit werden. Nimm dir deshalb beim Einführen und anfänglichen Wiederholen neuer Abläufe und Routinen etwas mehr Zeit. Erkläre deinen Kindern, was du von ihnen erwartest und ermutige sie durch Belohnungen, Lob und deiner Dankbarkeit dazu, diese Routinen auch anzunehmen.

Bei uns sind die hier beschriebenen Routinen inzwischen völlig normal für meine Kinder. Es gibt kein Genörgel mehr, wenn es zum Beispiel heißt, „Wer alle Kleider aufgeräumt hat, darf in die Badewanne." Oder wenn ich sage „So, jetzt alle noch schnell aufräumen vor der Geschichte".

Wir haben diese Routinen so oft geübt, dass die Kinder sie kennen und akzeptiert haben. Und ich habe dadurch eine kleine Hilfe im Ordnung halten und aufräumen. Denn jede noch so kleine Hilfe bringt eine Erleichterung.

## 13. Zimmerzeit nach dem Mittagessen

Bei uns gibt es nach dem Mittagessen schon seit Jahren eine Zimmerzeit. Meine große Tochter macht dann ihre Hausaufgaben, der Mittlere spielt und hört Hörbücher an und die Kleine macht ihren Mittagsschlaf. Es gilt deshalb auch die Regel, dass nicht zu laut gespielt wird.

Schon mit 2 ½ Jahren konnten meine Kinder diese Zeit von zu Beginn 15 und später 45 Minuten durchhalten.

Ich habe das ganze langsam eingeführt und alle Bemühungen in die richtige Richtung gelobt. Zu Beginn blieben meine Kinder also einige Minuten in ihrem Zimmer und mit der Zeit weitete ich diese Zeit immer mehr aus.

Ich fragte dann zuvor kurz, mit was das Kind spielen möchte und wenn dann genug Anregung da war, begann die Zeit. Meinen Kindern tut diese Zeit der Ruhe nach ihrem lauten Kindergarten- oder Schultag gut und ich kann inzwischen die Küche in Ruhe fertig machen und manchmal sogar noch einen Kaffee trinken.

## 14. Nach der Zimmerzeit aufräumen

Eine weitere Routine in Zusammenhang mit der Zimmerzeit betrifft das Aufräumen danach. Wenn die Zimmerzeit also zu Ende ist, gehe ich ins Kinderzimmer und sage, dass die Kinder gerne kommen dürfen, nachdem sie aufgeräumt haben. Auch das haben wir mehrere Male geübt und inzwischen räumen die Kinder oft schon zum Ende der Zeit auf, bevor ich überhaupt rein komme.

Das Aufräumen geht dann meistens schnell, da sie ja nicht so lange gespielt haben und so ist einmal am Tag schon Ordnung im Kinderzimmer.

Dabei gilt natürlich, dass die gebauten Kunstwerke stehen bleiben dürfen und wer noch weiter im Zimmer bleiben möchte, was nicht selten vorkommt, darf dies natürlich tun, wenn wir keinen Anschlusstermin haben.

## 15. Vor der Schlafgeschichte aufräumen

Meine Kinder wissen inzwischen auch, dass nach dem Abendessen und Zähneputzen kurz aufgeräumt wird bevor es die Abendgeschichte gibt. Jeden Abend schicke ich die Kinder also nach dem Abendessen nach oben und erkläre, dass ich gleich nachkomme und sie schon anfangen können in ihren Zimmern Ordnung zu schaffen. Während ich den einzelnen Kindern die Zähne putze, räumen die anderen Kinder dann weiter auf.

Wenn eines meiner Kinder gar nicht aufräumen möchte, weiß es, dass es an diesem Abend vielleicht nicht bei der Gutenacht Geschichte dabei sein darf. Inzwischen passiert das aber kaum noch und die Zimmer sind einigermaßen ordentlich am Abend (denn auf Perfektion lege ich dabei dann keinen Wert, da die Kinder ja auch müde sind).

## 16. Jacken und Schuhe aufräumen

Wenn meine Kinder ins Haus kommen, räumen sie ihre Jacken und Schuhe und im Winter ihre Mützen und Handschuhe direkt nach Betreten des Hauses auf. Das setzt natürlich voraus, dass in der Garderobe ein praktischer Raum dafür geschaffen wird. Dazu in einem anderen Abschnitt mehr. Auch dieses Verhalten haben wir sehr lange geübt. Geholfen hat, dass die Kinder zu dieser Zeit hungrig sind und ich immer wieder im freundlichen Ton gesagt habe „Wer seine Sachen aufgeräumt hat, darf gerne zum Mittagessen kommen“. Serviert habe ich dann den Kindern, die schon fertig waren.

## 17. Hände waschen nach dem Reinkommen

Wenn meine Kinder vom Spielen oder von Schule und Kindergarten nach Hause kommen und sich in der Garderobe ausgezogen haben, gehen sie direkt ins Bad und waschen ihre Hände. Seitdem ich diese Routine eingeführt habe, sind sie zum Einen seltener krank und meine Wohnung bleibt, zum anderen, sauberer, da die matschigen Kinderhändchen nicht an allen Türen und Möbeln landen. Außerdem wird es so selbstverständlich für die Kinder, dass sie vor dem Mittagessen oder Abendessen die Hände waschen.

## 18. Teller abräumen

Lasse deine Kinder doch nach dem Essen ihre Teller und Gläser selbst abräumen. Ich spare mir dadurch einige Extragänge und die Kinder sind das irgendwann so gewöhnt, dass es für sie normal ist. Das macht dann dazu noch bei nächsten Besuchen bei Freunden einen guten Eindruck.

## 19. Hände wachsen nach dem Essen

Eigentlich ist es klar. Unsere Kinder gehen nicht sauber vom Tisch. Deshalb ist es umso wichtiger die Routine des Händewaschens nach den Mahlzeiten recht früh einzuführen. Denn so ersparst du dir das häufige Abwaschen aller Flächen die in Höhe der Kinderhände liegen und an denen sonst die Reste vom Mittagessen landen würden. Also frage ich inzwischen nach jedem Essen: „Was machst du jetzt zuerst?“. Meine Kinder antworten inzwischen ganz automatisch „Hände waschen“ und laufen zum Waschbecken.

## 20. Abläufe am Badetag

Bei uns gibt es einmal die Woche am Wochenende eine Zeit in der die Kinder alle zusammen in unserer großen Wanne baden. Unsere Routine hierzu ist, dass die Kinder ihre Kleidung und ihren alten Schlafanzug direkt in den Wäschekorb werfen und mit frischer Unterwäsche und Socken und einem frischen Schlafanzug ins Bad kommen. Erst wann das alles da ist, dürfen sie in die Wanne. Der Anreiz ist hier hoch, da sie ihr Bad lieben. Mit dieser kleinen Routine ist der Schlafanzug jede Woche frisch und ich muss die Wäsche nicht im Bad zusammen sammeln.

## 21. Badespielzeug aufräumen

Hier kommt jetzt noch eine ganz kleine Routine nach dem Baden. Da die Kinder von mir immer der Reihe nach raus geholt werden, gab es immer Streit, wer am längsten drin bleiben darf. Inzwischen gilt die Regel, wer als letztes drin ist, räumt das sehr üppige Badewannenspielzeug auf. So schlage ich zwei Fliegen mit einer Klappe. Erstens gibt es weniger Streit ums länger drin bleiben und zweitens muss ich die Wanne nur noch schnell putzen, da das Spielzeug schon weggeräumt ist.

## 22. Pausenbrot beim Abendessen vorbereiten

Diese Routine richtet sich nun zuerst an dich, kann später aber auf deine Kinder übertragen werden. Bei uns gibt es abends fast immer Brotzeit. Da bietet es sich an das Brot für den Kindergarten oder die Schule schon am Abendessen vorzubereiten. So musst du in der Hektik des Morgens erst gar nicht alles, was du dafür brauchst nochmal aus dem Kühlschrank holen. Außerdem kannst du so gleich deine Kinder fragen, was sie auf ihrem Brot haben wollen und wenn sie alt genug sind, wird das Ganze dann zu ihrer eigenen Routine und sie können ihr Brot am Abend selbst streichen. Morgens muss dann nur noch Obst und Gemüse frisch geschnitten werden und in die Brotdose wandern und wieder hast du etwas Zeit gespart.

## 23. Schulranzen am Abend packen

Diese Routine richtet sich an dein Schulkind. Meine große Tochter packt ihren Schulranzen am Abend oder manchmal schon direkt nach den Hausaufgaben. So bricht am Morgen nicht der Stress aus, wenn Hefte und Mäppchen noch überall verstreut sind. Dein Kind kann den Schulranzen dann direkt schon an den dafür vorgesehenen Platz in der Garderobe stellen und morgens muss dann nur noch Essen und Trinken eingepackt werden und dann kann es losgehen.

## 24. Müsli am Morgen

Das mag jetzt nicht für jeden was sein, aber bei uns gibt es morgens Müsli und zwar an jedem Wochentag. Nur am Wochenende gibt es davon eine Ausnahme. Damit spare ich mir morgendliche Diskussionen darüber, was jeder essen möchte. Die Kinder können trotzdem noch entscheiden, ob Haferflocken oder Cornflakes und ob Joghurt oder Milch. Darum können sie sich aber schon selbst kümmern. So spare ich morgens Zeit indem alle das gleiche essen. Und dazu noch ist Müsli sehr gesund und bringt einen guten Start in den Tag.

## 25. Kinder beseitigen ihre Unordnung selbst

Eine Regel bei uns ist, dass wenn ein Kind zum Beispiel sein Wasserglas bei Tisch umstößt, nicht ich in die Küche renne. Selbst meine Dreijährige flitzt dann los und holt das dafür bereit liegende Geschirrtuch. Auch wenn Spitzer-Reste oder Schnipsel wieder überall verstreut liegen, wissen meine Kinder, wo Kehrwisch und -schaufel zu finden sind. Diese müssen deshalb in der Küche in Kinderhöhe aufbewahrt werden. Da ich meinen Kindern über die Jahre immer wieder gezeigt habe, wie man mit den verschiedenen Flecken und Rückständen richtig umgeht, entfernen sie diese inzwischen völlig selbstständig und oftmals bekomme ich das Ungeschick gar nicht mehr mit. Das ist mir eine große Hilfe auch wenn es etwas Zeit zum Einüben erfordert hat.

# 26. Nie Leer Laufen

Diese Routine gab es schon in meiner Kinderzeit und ich habe sie bis heute nicht vergessen und inzwischen auch bei meinen Kindern eingeführt. „Nie leer laufen“ bedeutet, dass wir bei jedem Gang etwas mitnehmen, das aufgeräumt werden muss.

Beim Gang ins obere Stockwerk wird also von jedem was aus dem Treppenkorb mit nach oben genommen und beim Aufstehen vom Tisch etwas in die Küche getragen.

Auch mein Mann und ich versuchen nie leer zu laufen und wenn das mal in Fleisch und Blut übergegangen ist, dann werden so einige Dinge an den richtigen Platz gebracht, wenn man eh das Zimmer wechselt.

# Morgenroutine für dich

Wie du im letzten Kapitel gelesen hast und sicher eh schon wusstest, sind Routinen im Alltag mit Kindern unabdingbar. Aber auch uns als Müttern helfen eigene Routinen unseren Alltag zu vereinfachen.

Wenn wir eine neue Routine in unser Leben einführen wollen, dann bedeutet das zunächst den festen Entschluss zu fassen, dass wir etwas ändern wollen, denn sonst schleichen sich alte Verhaltensmuster nur allzu leicht wieder bei uns ein.

Bei der Routine, die ich dir als nächstes vorstellen werde, bin ich der festen Überzeugung, dass sich diese Mühe lohnt. Denn jeder Tag beginnt mit einem Morgen und wenn dieser auch nur ein bisschen weniger stressig für dich und deine Kinder abläuft, dann ist schon viel gewonnen und alle starten etwas ruhiger in den bevorstehenden Tag.

Denn der Morgen ist in vielen Haushalten mit Kind der stressigste Teil des Tages. Dein Mann und du machen sich fertig für die Arbeit und die Kinder müssen rechtzeitig in Schule und Kindergarten sein. Deshalb ist es hier besonders wichtig, dass du einen routinierten Ablauf hast für diese Tageszeit. Nimm dir einmal etwas Zeit diesen Teil des Tages zu planen und zu vereinfachen. Vielleicht helfen dir einige der Tipps die ich hier für dich gesammelt habe.

## 27. Vorbereiten

Alles was am Vorabend erledigt werden kann, muss nicht morgens untergebracht werden. Vielleicht kannst du abends noch kurz den Tisch fürs Frühstück decken und wie in einem anderen Tipp erwähnt die Schulbrote schon am Abend fertig machen.

Auch die Kleidung der Kinder sollte bereit liegen und nicht morgens erst ausgesucht werden. Das nimmt zu viel wertvolle Zeit in Anspruch. Bei uns hat sich das Kleidermännchen sehr bewährt.

## 28. Kleidermännchen

Um den Kindern zum Einen das selbstständige Anziehen am Morgen zu ermöglichen und zum Anderen mehr Ordnung und einen reibungsloseren Ablauf vor dem Kindergarten zu haben, lege ich abends im Kinderzimmer ein Kleidermännchen aus. Meine beiden älteren Kinder (der Mittlere ist 5) machen das auch sehr gerne selbst. Also werden Hose, T-Shirt, Pulli, frische Socken und Unterhose in der Reihenfolge in der sie angezogen werden übereinander zu einem Männchen gelegt. Meine Kleinste konnte sich so schon mit 2 ½ Jahren morgens selbstständig anziehen und außerdem haben die Kinder Spaß an diesem lustig aussehenden Männchen auf ihrem Zimmerboden. Diese Routine ist eine der Routinen die zum absoluten Selbstläufer geworden sind. Mein Sohn zeigt mir jeden Abend sein fertiges Kleidermännchen und ist stolz darauf und auch meiner Kleinen macht das Männchen so viel Spaß, dass sie es sogar vor dem Mittagsschlaf legt und sich daran freut, wenn sie wieder aufwacht.

## 29. Stehe früher auf als deine Kinder

Ich weiß, dieser Punkt ist hart. Als Mutter zählt manchmal einfach jede Minute Schlaf. Aber meine Erfahrung zeigt mir, dass ich einfach ruhiger in den Tag starte, wenn ich vor meinen Kindern wach war, Zeit für einen Kaffee hatte und anfangen konnte die Küche fertig zu machen. Nutze diese Minuten vor dem Sturm auch um kurz zu planen, was heute ansteht und wie viel Zeit dir dazwischen bleibt einige Aufgaben aus deinem Haushalt einzuschieben. Mache dir eine Liste dieser Aufgaben. So geht das Abarbeiten einfach und geplanter vonstatten.

## 30. Zeit dich selbst fertig zu machen

Mir hilft es sehr, wenn erst ich im Bad war und ich mich erst dann um die Kinder kümmere. So komme ich nicht in die Situation, wenn ich schon aus dem Haus müsste noch schnell Makeup und Zähneputzen unterbringen zu müssen. Das stresst mich dann immer sehr.

## 31. Wecke deine Kinder rechtzeitig

Ich weiß, es tut einem weh, die Kinder früher wecken zu müssen. Trotzdem tust du ihnen damit einen Gefallen, wenn du sie dafür später nicht völlig gestresst zur Eile antreiben musst. Überlege dir also, ob es sich nicht lohnt, die Kinder eine viertel oder halbe Stunde früher zu wecken und ihnen dafür etwas mehr Zeit beim Anziehen und frühstücken zu gönnen.

## 32. Aufstehritual

Überlege dir, wie du deine Kinder wecken kannst. Vielen Kinder hilft es, wenn sie einen eigenen Wecker haben, der beispielsweise Musik spielt. Damit sind sie dann auch nicht auf dich böse, wenn du sie aufweckst. Oder du nimmst dir die Zeit drei Minuten bei deinem Kind ins Bett zu kuscheln und es so ganz sanft zu wecken.

Übergib älteren Kindern dann die Verantwortung für ihre Zeit. Stelle beispielsweise einen zweiten Wecker bis zu dessen klingeln sie gekämmt, gewaschen und angezogen am Frühstückstisch sein müssen. Ansonsten fällt das Frühstück an diesem Tag aus. Das ist sehr hart und tut einem als Mutter richtig weh, aber mein Sohn hat das Essen nur zweimal ausfallen lassen, bevor er diese Lektion gelernt hatte und mir bleibt das morgendliche Antreiben dadurch erspart, da er weiß, dass er selbst dafür verantwortlich ist, rechtzeitig fertig zu sein.

## 33. Tabellen und Bilder mit Abläufen

Kleineren Kindern helfen Bilder dabei sich die immer gleichen Abläufe am Morgen zu verinnerlichen. Aufstehen, anziehen, waschen, kämmen, Frühstücken, Zähneputzen und aus dem Haus gehen, sind darauf abgebildet und das Kind kann sehen, was von ihm erwartet wird. Das hilft vielen Kindern sehr. Diese Tabelle kannst du zum Beispiel im Kinderzimmer aufhängen und immer wenn sie einen Teil geschafft haben, dürfen sie sich einen Klebepunkt hinter das Bild kleben.

Bei uns muss darauf nicht mal eine Belohnung folgen. Das Kleben an sich ist schon Belohnung genug.

## 34. Stelle dir einen 15 Minuten Wecker

Wenn 15 Minuten vor deiner eigentlichen Aufbruchszeit ein Wecker dich erinnert, dass es jetzt gleich Zeit wird, kommst du nicht auf den letzten Metern noch in zu große Hektik und auch deine Kinder wissen, dass es jetzt gleich aus dem Haus geht. Diese kleine Erinnerung oder Selbsttäuschung kann deinen Stress am Morgen vielleicht ebenfalls ein wenig reduzieren.

# Kinder helfen lassen - einige Ideen

Es gibt zwei gute Gründe dafür, warum du deine Kinder im Haushalt helfen lassen solltest: Der eine Grund ist, dass kleine Kinder durch kaum etwas so gut abgelenkt und beschäftigt werden können, als durch das „Mithelfen“ bei Mama oder Papa. Der zweite gute Grund ist, dass es bei älteren Kindern tatsächlich eine Hilfe sein kann, wenn sie mithelfen. Das machen sie in jungem Alter dazu noch sehr gerne und sammeln so zusätzlich viel Erfahrung.

Wichtig ist hierbei, dass du bei kleinen Anfängern nicht das Ergebnis lobst, sondern die Mühe des Kindes. Hat es also das Waschbecken mit viel Anstrengung geputzt, so wird diese Mühe hervorgehoben, auch wenn das Becken vielleicht noch nicht ganz sauber ist. Darauf kannst du trotzdem kurz hinweisen. Achte aber darauf nicht demotivierend zu sein, sonst ist der Spaß daran schnell vorbei. Manchmal kannst du dann auch einfach heimlich nochmals drüber wischen und bist dann trotzdem schneller fertig als wenn dir kein Kind geholfen hätte.

Später sollten diese Aufgaben für deine Kinder auch zur wöchentlichen Pflicht erhoben werden, die fest im Wochenplan verankert ist. Das nimmt dir viel Arbeit ab und zeigt den Kindern, dass ein ordentliches und sauberes Zuhause nicht selbstverständlich ist.

Dazu muss jede Aufgabe deinem Kind mehrfach gezeigt werden und du solltest genau erklären, worauf du Wert legst, denn Kinder haben noch keinen Blick dafür, wann ein Waschbecken sauber oder eine Treppe ordentlich gekehrt ist. Hier gilt es geduldig zu sein.

Außerdem schauen sich deine Kinder deine eigene Einstellung zu solchen Aufgaben ab. Du darfst in diesem Fall manchmal schauspielern und ihnen zeigen, dass Hausarbeit zwar anstrengend sein kann, du dich am tollen Ergebnis aber sehr freust und mit dir zufrieden bist.

So lernen Kinder, dass Arbeit die Mühe wert ist und man sich bei gewissenhafter Arbeit hinterher gut fühlt etwas geleistet zu haben.

Nun aber einige Ideen, wie du deine Kinder mithelfen lassen kannst. Hierbei zeige ich dir einige sehr einfache Beispiele für die Kleinsten und komme später noch auf Aufgaben für ältere Kinder zu sprechen.

## 35. Salat waschen

Meine jüngste Tochter liebte es mit 1 ½ oder 2 Jahren die Salatblätter, die ich aussortiert hatte, ebenfalls in kleine Stücke zu rupfen und dann in ihrer eigenen kleinen Schüssel zu waschen. Damit war sie oft recht lange beschäftigt und ich konnte so das Essen weiter ungestört vorbereiten. Hier war sie mir natürlich keine wirkliche Hilfe aber mir war trotzdem geholfen, da ich ungestört arbeiten konnte.

## 36. Essen schneiden

Kleine Kinder kannst du mit einem stumpfen Kindermesser Bananen oder Käse schneiden lassen. Natürlich wandert da so einiges in den Mund. Sieh es einfach als die sowieso nötige Zwischenmahlzeit an. Später können die Kinder dann auch Gurken oder anderes weiches Obst und Gemüse mit schärferen Messern schneiden. Hier musst du dir immer wieder Zeit nehmen ihnen den richtigen und ungefährlichen Umgang mit dem Messer zu zeigen und sie zunächst nur unter deiner Aufsicht arbeiten lassen.

Meine Erfahrung zeigt aber, dass Kinder, die schon früh anfangen durften zu üben, später dann oft schon sehr geschickt waren, da sie viel Übung schon als kleines Kind sammeln konnten.

## 37. Möhren schälen

Wenn ich mal wieder schnell unser Mittagessen zubereiten musste und meine Tochter nicht so richtig mitspielen wollte, drückte ich ihr oft einen Sparschäler und einige Möhren in die Hand. Sie versuchte sich mit meiner sporadischen Hilfe dann immer wieder daran, diese zu schälen. Zum Kindergartenstart mit drei war sie schon richtig geübt im Möhrenschälen, da diese Ablenkung so oft bei mir zum Einsatz gekommen war. Vielleicht hilft das bei deinem Kind ja auch.

Auch hier gilt natürlich, dass dem Kind der sichere Umgang mit dem Schäler erst langsam beigebracht werden muss um Verletzungen zu vermeiden.

## 38. Socken sortieren

Wenn du deine Wäsche falten musst mit einem Kleinkind, dann lass das Kleine doch mal die passenden Socken zusammen suchen. Kippe dafür die Socken alle auf dem Boden aus und lasse das Kind suchen. Ich habe dabei manchmal ein Spiel daraus gemacht indem ich ein Wettrennen machte, wer mehr passende Paare findet (natürlich gibst du dem Kind einen Vorsprung) oder indem wir geschaut haben, wer schneller ist: Meine Tochter im Finden der Paare oder ich im Zusammenlegen. Sie war damals übrigens erst 1 ½ Jahre alt und ich habe natürlich in der Zeit in der sie gesucht hat weiter meine andere Wäsche gefaltet.

## 39. Tisch decken lassen

Hier stelle ich das Tischdecken als eine Beschäftigung für das Kleinkind vor, nicht als ein wirkliches helfen. Dazu habe ich immer ein Tablett mit Plastiktellern, Plastikbechern und Besteck auf den Boden der Küche gestellt und meine Tochter hat dann den Tisch im Esszimmer gedeckt. Da sie meist nur einen Teller mitnahm, dauerte das eine Weile. Oft aßen wir dann in dieser Zeit eben aus Plastiktellern und sie war sehr stolz auf ihre Hilfe. Später konnte daraus dann das richtige Tischdecken werden und so lernte sie recht früh den Tisch zu decken oder hinterher abzuräumen.

## 40. Was Kinder ab vier können

Hier will ich einige Dinge aufzählen, die Kinder ab vier Jahren schon können, wenn du ihnen immer wieder ausführlich gezeigt hast, wie alles geht.

- Treppen fegen
- Waschbecken putzen

- einen kleinen Bereich im Haus aufräumen, z.B. den Flur
- Esstisch decken und abräumen
- Spülmaschine unter Aufsicht ausräumen (entferne vorher scharfe Gegenstände!)
- unter dem Esstisch fegen
- ihr Zimmer unter Anleitung aufräumen

## 41. Was Kinder ab sechs können

- Flächen abstauben (erst ab diesem Alter, weil auf Zerbrechliches Rücksicht genommen werden muss)
- Ganzes Wohnzimmer aufräumen (Sofakissen, Decken zusammen falten, Bücher und Zeitschriften aufräumen etc.)
- Staubsaugen (wenn der Staubsauger nicht zu schwer ist)

## 42. Was Kinder ab circa acht können

- Betten machen (das muss gut geübt und nicht zu streng beurteilt werden)
- Wäsche selbst in den Schrank räumen
- Wäsche in der Waschküche sortieren
- spülen und abtrocknen

- kleinere Wäschestücke falten

## 43. Kinder helfen lieber zusammen

Bei meinen Kindern gilt die Regel, dass sie Aufgaben im Haushalt lieber zusammen erledigen. So steht meine große Tochter auf dem Küchenhocker, während mein Fünfjähriger ihr das Geschirr aus der Spülmaschine nach oben reicht. Sie haben so mehr Spaß an der Sache. Dies gilt auch für andere Aufgaben im Haus. Überlege dir, für welche Aufgaben du die Kinder zusammen einteilen kannst. Das bringt zusätzliche Motivation.

## 44. Spielerisch Helfen

Meine Kinder helfen besonders gerne mit, wenn ich ein Spiel oder einen Wettbewerb aus der Aufgabe mache.

Sie kennen zum Beispiel das Spiel „Jeder räumt einen Raum auf, mal sehen, wer am schnellsten ist." Dabei wähle ich die Räume dem Alter der Kinder entsprechend aus. So räumt meine älteste Tochter das Wohn- /Esszimmer auf, mein Fünfjähriger den Flur und meine kleine Tochter ihr Kinderzimmer, das recht klein ist und daher nicht zu viele Spielsachen enthält.

Ein weiteres Spiel, das sie gerne machen ist „Wer hat die meisten Teile in 5 Minuten". Ich stelle den Küchenwecker und jeder zählt wie viele Teile er in der Zeit in egal welchem

Raum aufräumen kann. Oft verlangen die Kinder dann eine zweite Runde und wir haben so schon häufig in kurzer Zeit recht viel aufgeräumt.

Was auch ganz gut ankommt ist das Musikspiel. Ich lege eine CD ein und wir haben pro Zimmer ein Lied zur Verfügung. Vor dem Ende des Liedes muss das Zimmer ordentlich sein. Dann helfen alle im jeweiligen Zimmer zusammen und haben dazu noch großen Spaß an der Musik und an dem kleinen Wettbewerb gegen den CD Spieler.

Wenn du solche Spiele und Wettbewerbe in den Alltag integrierst, werden deine Kinder gleich umso lieber aufräumen und es vielleicht nicht mal als Aufgabe empfinden und dir ist dennoch sehr geholfen. Deiner Fantasie sind dabei keine Grenzen gesetzt und oft müssen es gar keine ausgefallenen Ideen sein und die Kinder werden sie trotzdem lieben.

## 45. Ältere Kinder brauchen feste Aufgaben

Wenn deine Kinder schon etwas älter sind, dann bietet es sich an irgendwann einen festen Familienplan einzuführen, der anzeigt welche Aufgaben im Haushalt jedes Kind in dieser Woche übernimmt.

Dabei werden die Aufgaben dem Alter der Kinder entsprechend ausgesucht.

Es gibt hier die Möglichkeit auch ein Belohnungssystem mit einzuführen für erledigte Aufgaben.

Eine andere Herangehensweise wäre, dass es für jeden im Haushalt Pflichtaufgaben gibt, die nicht belohnt werden, damit deine Kinder lernen, dass Aufgaben im Haushalt nichts sind, was bezahlt und somit irgendwie freiwillig sind. So erkennen Kinder, dass Aufgaben die anfallen jeden etwas angehen und keinen freiwilligen Charakter haben. Dieses Modell entspricht mehr dem wirklichen Leben, das sie später als Erwachsene führen werden. Hierbei können dann trotzdem noch freiwillige Zusatzaufgaben eingeführt werden, die dann belohnt werden.

Familienplaner gibt es in vielen Varianten zu kaufen, sie sind aber auch einfach selbst gebastelt. Bei den später im Buch zu findenden Listen, siehst du, wie so ein Planer aussehen könnte.

# Tipps zu den verschiedenen Zimmern

Im Folgenden habe ich einige Zimmer herausgegriffen, zu denen es einige Tipps im Familienhaushalt gibt und Dinge, die zu beachten sind. Du findest Tipps zu Bad, Kinderzimmer und Küche, bevor es mit dem nächsten Kapitel weitergeht.

## Bad

### 46. Zwei Bäder, zweifache Ausstattung

Wenn du wie wir auch zwei Bäder hast, dann geht es dir vielleicht auch so, dass zwar im Familienbad abends alle Zähne geputzt und die Gesichter gewaschen werden, morgens aber, wenn es aus dem Haus geht alle eh schon unten sind. Da ich morgens manchmal drei oder viermal nochmal von oben ein Haargummi, eine Bürste oder die Gesichtscreme geholt habe, habe ich inzwischen Abhilfe geschaffen. Nun gibt es im Gästebad auch eine Zahnbürste für jedes Kind, Waschlappen zum Waschen, sowie eine Haarbürste und Haargummis. Ich spare mir dadurch viele Wege und Zeit am Morgen und die Bürsten und Haargummis liegen nicht im Haus herum, da sie jetzt auch unten einen festen Platz haben.

## 47. Klobürste hoch stellen

Wenn du Kleinkinder und jüngere Kinder hast, solltest du auf jeden Fall deine Klobürste außer Reichweite stellen. Denn wenn das Kind auf die Idee kommt damit zu spielen, hast du sehr viel zusätzliche Arbeit alles wieder sauber zu machen, da hier ja dann auch Bakterien eine große Rolle spielen.

## 48. Bäder putzen am Badetag

Meine Kinder baden einmal pro Woche ausgiebig. Da ich sie hierbei nicht unbeaufsichtigt lasse, nutze ich die Zeit oft, noch schnell die Waschbecken, die Toilette zu putzen. So muss ich am Ende nur noch kurz die Badewanne ausputzen und schon wurde das Bad in dieser Woche geputzt und die Zeit war doppelt gut genutzt. Die Dusche putze ich dann übrigens meist sonntags, wenn ich eh geduscht habe, da hier etwas mehr Zeit bleibt als unter der Woche.

# Kinderzimmer

Das Kinderzimmer unserer Kinder ist für manche von uns wirklich ein Ort des Grauens: Unübersichtliche Regale, Spielzeugchaos in den Kisten und der Boden immer unaufgeräumt und deshalb staubig. Hier ist dringend eine gute Organisation gefragt und das Ausmisten und Entrümpeln von Spielsachen muss regelmäßig geschehen. Auch die richtige Wahl der Kinderzimmermöbel erleichtert das Ordnung halten enorm. Hier nun also zu den Tipps.

## 49. Mache eine Liste mit den Problemen

Wenn du dir zunächst einmal eine Liste machst mit den Bereichen im Kinderzimmer, die dich am meisten stören oder für deine Kinder am schwersten sind ordentlich zu halten, dann kannst du die Unordnung durch geeignete Systeme und Routinen besser angehen. Schaue dir außerdem an, ob das Spielzeug in diesem Bereich geeignete Kisten hat und den Kindern klar ist, wohin mit den Dingen. Gehe dann diese Ecken zuerst an. Danach kommt der Rest des Zimmers.

## 50. Geschlossene Schränke anstatt Regale

Wenn du gerade erst dabei bist das Kinderzimmer einzurichten, dann bedenke einmal, dass die klassischen Kinderzimmerregale vielleicht nicht immer die beste Lösung sind. Regale scheinen zwar für die Kinder auf den ersten Blick übersichtlicher und leichter erreichbar zu sein, allerdings müssen sie schon sehr geordnet und aufgeräumt sein um nicht immer den Eindruck von Chaos zu erwecken.

Wir haben uns aus diesem Grund für einen zweigeteilten Schrank im Kinderzimmer entschieden und sind sehr zufrieden mit dieser Wahl. In der einen Hälfte des Schranks befinden sich die Kleider der Kinder, hinter der anderen Tür die Kisten mit Spielsachen. Das tolle daran ist, dass selbst wenn darin Unordnung herrschen sollte, das Zimmer bei geschlossenen Schranktüren einladend und ordentlich wirkt. Außerdem stauben die Fächer nicht so stark ein wie bei offenen Regalen und benötigen daher weniger Pflege.

In die oberen Fächer werden übrigens nur Dinge geräumt für die sich die Kinder nicht interessieren, wie ihre Badehandtücher und Bettwäsche um ein Hochsteigen der Kinder zu verhindern. Trotzdem sollten natürlich alle Kinderzimmermöbel immer an der Wand verschraubt sein, aber dies nur als Seitenvermerk.

## 51. Stiftebecher oder Utensilos

Stiftebecher bringen Ordnung in das Buntstiftechaos im Kinderzimmer. Meine Kinder sehen dadurch direkt alle Stifte die es gibt und sie sind auch schnell wieder aufgeräumt. Zuvor hatten wir die Stifte in kleinen Kisten und die Kinder mussten ewig darin herumkramen um den richtigen Stift zu finden und nicht selten leerten sie die Kiste dann deshalb einfach aus und das Aufräumen war dann gleich mehr Arbeit.

## 52. Bücher ausleihen anstatt sie zu kaufen

Hat es bei euch am Ort eine gut bestückte Bibliothek? Bei uns ist der wöchentliche Gang zur Bibliothek inzwischen fest in der Woche verankert und die Kinder haben großen Spaß daran neue Bücher und Hörspiele auszuleihen.

Durch diesen einfachen Schritt, fallen weniger Bücher im Kinderzimmer an, die einen Platz finden und aufgeräumt werden müssen. Außerdem ist der wöchentliche Besuch in der Bibliothek für Kinder immer spannend und sorgt für Abwechslung im Bücherregal. Schaffe dann einen festen Platz für die Bibliotheksbücher, damit du sie nicht jede Woche im ganzen Haus suchen musst.

## 53. Tauschen mit Freunden

Auch das Tauschen von Spielsachen mit Freunden hat denselben Effekt. So müssen nicht alle Spielsachen selbst gekauft werden und es gibt immer mal wieder etwas Neues zu entdecken. Das bedeutet dann mehr Platz im Regal und trotzdem keine Langeweile mit den bekannten Sachen.

Allerdings setzt dies einen verantwortungsvollen Umgang deiner Kinder mit den Spielsachen der anderen voraus und dies sollte vorher genau besprochen werden. Bei uns funktioniert dieses System aber ziemlich gut und bisher haben noch alle Spielsachen den Weg zurück zum Besitzer gefunden.

## 54. In jedem Kinderzimmer ein Papierkorb

Investiere in Papierkörbe für die Kinderzimmer. So können die Schnipsel, die beim Malen und Schneiden entstehen direkt entsorgt werden und es ist wahrscheinlicher, dass das Zimmer ordentlich bleibt als wenn erst aller Papiermüll in ein anderes Zimmer getragen werden muss. Wenn deine Kinder am Esstisch basteln, dann sorge für einen Papierkorb im Esszimmer. Bei uns sorgt diese Lösung für sehr viel weniger Papiermüll, der einfach nur im Kinderzimmer verstreut ist.

## 55. Lass die Spielzeugkisten rotieren

In unserem Kinderzimmer gibt es immer nur 3 Spielzeugkisten. So liegt insgesamt einfach viel weniger Spielzeug im Kinderzimmer herum und die Kinder behalten beim Aufräumen leichter den Überblick. Wollen meine Kinder mal wieder mit was anderem spielen, dann räumen sie eine Kiste ein und geben sie ab und dürfen dafür auf der Bühne eine neue Kiste aussuchen. Die Kinder lieben dieses Ritual und das Spielzeug bleibt dadurch immer spannend. Wenn du nur wenig Platz zum Verstauen solcher Kisten hast, dann überlege doch, ob du nicht wenigstens eine Kiste an einem anderen Ort aufbewahren kannst, denn auch das würde schon weniger Chaos im Kinderzimmer bedeuten.

## 56. Gute Spielzeugkisten

Investiere in geeignete Spielzeugkisten. Ein einheitliches System, das dazu noch zu den Maßen deines Schrankes oder deiner Regale im Kinderzimmer passt, erleichtert das Ordnung halten und sieht dazu noch schöner aus. Dabei kommt es nicht unbedingt darauf an, dass die Kisten besonders hübsch sind. Im geschlossenen Schrank sieht sie zum Beispiel eh keiner. Lege dafür lieber Wert darauf, dass sie praktisch sind und für die Kinder gut anzupacken und zu tragen sind. So sind sie schneller aufgeräumt.

## 57. Spielzeug ausmisten

Miste einmal im halben Jahr den Spielzeugschrank deiner Kinder mit ihnen zusammen aus. Entferne kleine Teile, zum Beispiel aus dem Überraschungsei, direkt. Die anderen Dinge räumst du für einige Zeit in eine Kiste. Wenn deine Kinder etwas vermissen, bekommen sie es zurück. Wenn nach drei Monaten niemand nach dem Spielzeug gefragt hat, entscheide, wohin du es entsorgst. So wirkst du der enormen Fülle an Spielzeug entgegen.

Eine Bekannte von uns macht es sogar so, dass immer, wenn ein neues größeres Spielzeug zu Weihnachten oder zum Geburtstag einzieht, ein anderes, ähnlich großes, verkauft wird. Ihre Kinder kennen diesen Ablauf und finden immer ein Spielzeug, das ihnen eh nicht mehr wichtig ist und bekommen dafür noch etwas Geld in die Spardose.

## 58. Spielzeug entsorgen

Fehlkäufe und nicht mehr bespieltes Spielzeug werden bei uns entweder, je nach Wert, bei Kleinanzeigen günstig verhökert oder weitergegeben. Die Kinder freuen sich dann über etwas Extrageld im Sparschwein. Dinge die sich nicht verkaufen lassen, werden entweder an Freunde verschenkt oder an den Diakonieladen gespendet. So ist der Spielzeugschrank nicht überfüllt und es ist leichter Ordnung zu halten.

Ich habe gemerkt, dass meine Kinder immer einige wenige Lieblingsteile haben mit denen sie regelmäßig spielen und einige weiter, die sporadisch interessant sind. Der Rest des

Spielzeugs wird gar nicht beachtet. Und genau von diesen Spielsachen trennen wir uns dann.

Bei meinen kleineren Kindern thematisiere ich dies nicht groß, da die Sachen in dem Moment, wo ich sie entferne immer plötzlich unverzichtbar werden.

Aber meine große Tochter bespricht mit mir schon selbstständig welche Spielsachen sie eigentlich nicht mehr will. Sie genießt es wenn ihr Schrank übersichtlich und ordentlich ausschaut.

## 59. Bastelzubehör schenken lassen

Wenn du mal wieder nach einem Geschenk für dein Kind gefragt wirst, dann wünsch dir doch einen Bastelkoffer, neue Stifte, Glitzerkleber, Sticker oder Moosgummi etc. für deine Kinder. Die Liste der Dinge die es hier gibt ist fast endlos und die Kinder freuen sich meist sehr darüber. Der entscheidende Vorteil für mich ist an diesen Geschenken aber, dass sie verbraucht werde. Ich lasse die Kinder damit gerne basteln und freue mich, dass die Dinge im Vergleich zu einem Spielzeug nicht ewig im Schrank sind. Irgendwann sind das Papier und die Perlen aufgebraucht und der Schrank bietet wieder Platz für neues.

## 60. Spielzeugkisten mit Bildern versehen

Ich weiß, es ist zusätzlicher Aufwand, aber wenn du dir einmal die Mühe machst deine Spielzeugkisten mit Bildern vom Inhalt zu versehen, haben es die Kinder viel einfacher Ordnung zu halten. Du kannst die Kisten natürlich bei älteren Kindern auch einfach beschriften, aber bei Kindern, die noch nicht lesen können, wirken die kleinen Bildchen Wunder.

## 61. Kleinteilekiste im Kinderzimmer

Alles was sich nicht eindeutig einer Spielzeugkiste zuordnen lässt, landet bei uns in einer Kleinteilekiste. Darin befinden sich Flummis, ein Kreisel, einige Überraschunsgsei Figuren und vieles mehr. Für die Kinder wird das Aufräumen dieser Teile dadurch sehr viel einfacher. Diese Kiste wird dann immer wieder mal entrümpelt.

## 62. Kleiderhaken für den Schlafanzug

Wir haben in jedem Kinderzimmer einen Kleiderhaken an der Wand an den meine Kinder morgens ihren Schlafanzug hängen. So liegt er nicht auf dem Boden herum und wir sparen uns abends die Suche.

## 63. Fundsachenkiste

Im Schrank im Kinderzimmer bewahre ich immer eine kleine Schuhkiste für „Fundsachen“ auf. Da hinein wandern einzelne Puzzleteile, Spielsteine von Gesellschaftsspielen und ähnliches, das sich nicht direkt zuordnen lässt. So weiß man, wo man schauen muss, wenn beim nächsten puzzeln mal wieder ein Teil fehlt oder das Gesellschaftsspiel nicht vollständig ist.

## 64. Kindern das Aufräumen beibringen

Kindern liegt das Aufräumen nicht im Blut. Sie müssen Zeit bekommen es zu üben und zu lernen. Es reicht also nicht deinem Kind zu sagen, dass es jetzt aufräumen soll.

Mit meinem Sohn habe ich das Aufräumen kleinschrittig eingeübt, da es ihm schwer fiel einen Überblick über die überall verstreuten Spielsachen zu haben. So habe ich ihn dann zum Beispiel aufgefordert erst alle Bücher aufzuräumen. Wenn er dies geschafft hatte, kamen die Bausteine dran und so weiter. So hat er mit der Zeit gelernt, systematisch aufzuräumen und hat sich nicht länger von der Fülle an Arbeit überfordert gefühlt.

## 65. Zehn Dinge aufräumen

Wenn ich es mal wieder eilig habe und es nicht reicht, das gesamte Kinderzimmer aufzuräumen, dann fordere ich meine Kinder auf 10 oder 15 Dinge aufzuräumen. Das macht ihnen erstaunlicherweise Spaß und so ist zumindest etwas von den Spielsachen wieder an Ort und Stelle.

## 66. Bastelzubehör nicht frei zugänglich

Unsere Kinder können jederzeit malen und schneiden und haben zu unseren Papiervorräten freien Zugang. Sobald aber Kleber, Glitzer, nasse Farben, Fingerfarben etc. ins Spiel kommen, fragen sie mich um Erlaubnis. Diese sind nämlich nicht in Kinderreichweite verstaut.

Dann lasse ich sie Vorbereitungen treffen: Basteltischdecke, Kleidungsschutz und Tücher zum eventuellen Aufwischen müssen bereit liegen und erst dann bekommen sie diese Utensilien. So vermeide ich, dass Glitzer im ganzen Haus landet und der Kleber Flecken auf der Kleidung hinterlässt.

# Küche und Essen

Seit wir Kinder haben, die am Familientisch mitessen, hat Essen für mich eine ganz andere Bedeutung gewonnen. Es ist mir wichtig, dass meine Kinder ausgewogen und gesund essen und eine vollwertige Ernährung schon früh zur Selbstverständlichkeit für sie wird. Dadurch hat aber auch das Kochen einen sehr viel größeren zeitlichen Rahmen angenommen. Gesund und ausgewogen zu kochen bedeutet bessere Planung und genügend Zeit. Da genau diese Zeit aber ja bekanntermaßen Mangelware im Alltag mit Kindern ist, ist es wichtig die Zeit, die wir verwenden möglichst effektiv zu nutzen.

Hier sind Essenspläne meiner Meinung nach fast unumgänglich, da sie das Einkaufen einfacher und effektiver machen und durch richtige Planung auch ein Vorkochen möglich ist, was wiederum Zeit an anderer Stelle spart.

Die Tipps zur Essensplanung und einige weitere stelle ich dir hier nun also vor.

## 67. Essensplan

Das ist nichts Neues, aber einen Essensplan zu machen kann ich dir nur wärmstens empfehlen. Da bei uns montags Einkaufstag ist, mache ich am Sonntagabend meinen Essensplan für die kommende Woche.

Ich achte dabei darauf, dass ich genügend schnelle und einfache Essen geplant habe, für Tage an denen ich wenig Zeit zum Kochen habe und dass ich ein oder zwei Essen dabei habe, die ich doppelt oder mehrfach kochen und einfrieren kann.

Nach dem Essensplan mache ich dann direkt die Einkaufsliste und muss so tatsächlich fast immer nur einmal in der Woche einkaufen fahren, was mir Mengen an Zeit spart.

Zu Beginn mögen dir die Ideen für so einen Plan fehlen. Orientiere dich dann daran, dass du ein oder zwei Fleischgerichte (falls ihr das esst) und ein Fischgericht dabei hast. Des Weiteren schaue ich immer, dass ich als Beilagen mal Reis, mal Nudeln und mal Kartoffeln unterkriege. So suche ich zum Beispiel bei Kochplattformen dann nur noch nach Kartoffelgerichten und schränke damit die Auswahl ein.

Du solltest dann natürlich beachten, dass die Gerichte mit frischem Gemüse und Fleisch zu Beginn der Woche gekocht werden, die Gerichte mit haltbaren Zutaten dann eher gegen Ende. Ansonsten kannst du Fleisch ja auch gut einfrieren und es dann später wieder auftauen.

## 68. Essenspläne weiter verwenden

Bewahre deine Essenspläne auf jeden Fall mit Datum versehen irgendwo auf. Wenn du dieses System nämlich einmal lange genug angewendet hast, liefern dir die alten Pläne immer wieder Ideen für Gerichte, die du kochen kannst.

Ich empfehle dir, die Gerichte, die gut ankamen und dir beim Kochen zusagten auf Karteikarten zu schreiben (nur die Überschriften. Nicht das Rezept) und wo du das Rezept her hast. Diese Karten kannst du dann zum Beispiel nach Fisch, Fleisch und Vegetarisch sortieren und musst dann irgendwann nur noch die Karten durchsehen um Ideen für die nächste Woche zu bekommen. So wird dir das Planen sehr viel einfacher und schneller von der Hand gehen.

## 69. Vorkochen und einfrieren

Wenn du dir angewöhnst ungefähr einmal pro Woche oder wenn es sich eben vom Essen her anbietet die doppelte oder sogar vielfache Menge zu kochen, dann ersparst du dir damit an arbeitsreichen Tagen eine Menge Zeit, indem du einfach ein fertiges Essen wärmst. Es lohnt sich hier auch einmalig in genügend zusätzliche Schüsseln etc. zu investieren. Beschrifte die Essen immer deutlich und vergiss auch nicht das Datum. Das erleichtert später den Überblick.

Wenn du mehrere Wochen lang vorgekocht hast und dabei nicht nur die doppelte, sondern mehrfache Menge in Portionsgrößen eingefroren hast, wird es sogar möglich, dass du pro Woche nur noch 2-3 Mahlzeiten kochen musst. Dies erfordert jedoch einiges an Planung und Durchhaltevermögen.

Die doppelte Menge zu kochen bedeutet nicht das Doppelte an Arbeit zu haben und so sparst du in jedem Fall Zeit, auch wenn du nur immer mal wieder ein Essen einfrierst.

Gute Essen zum Einfrieren sind zum Beispiel Suppen, Bolognese, Chili con Carne, Aufläufe und viele andere mehr.

# 70. Große Mengen an einem Samstag vorkochen

Eine weitere Art des Vorkochens, das zwar planungsintensiv und aufwändiger ist, aber dafür auch Vorräte für lange Zeit schafft, möchte ich dir hier der Vollständigkeit halber auch nicht vorenthalten.

Das Vorkochen von mindestens 6 Gerichten auf einmal hat das Ziel circa 30 Essen an einem Tag zu kochen. Der Vorteil hiervon ist, dass die Küche nur einmal gereinigt werden muss (bei mir sah es allerdings wirklich schlimm aus nach diesem Samstag). Weiterhin hast du alle Töpfe und Pfannen nur einmal im Betrieb und musst so nur einmal spülen.

Praktisch läuft das so, dass du 6 Gerichte planst, die sich gut kochen und einfrieren lassen. Dabei muss du darauf achten, dass du sowohl Backofengerichte als auf Gerichte vom Herd dabei hast, da du nicht alle Gerichte gleichzeitig auf dem Herd haben kannst. Außerdem musst du dir wirklich viel Zeit zum Planen nehmen und dann zum Beispiel für alle Gerichte die Zwiebeln auf einmal in der Pfanne braten. Du brauchst auch große Töpfe und Pfannen, sonst passt dein Mehrfachessen nicht hinein.

Du machst dir dann eine Einkaufsliste und kaufst alles an einem Tag ein.

Plane dir einen ganzen Tag von morgens bis abends zum Kochen ein. An diesem Tag dürfen auch keine Kinder im Haus sein. Das geht nun wirklich nicht beides.

Alles in allem, habe ich das Ganze einmal ausprobiert und es war ein sehr großer Aufwand zur Planung und am Tag selbst. Meine Küche sah am Abend schlimm aus und ich war total erledigt. Aber wir hatten dann 30 Essen, die wir im

Laufe der nächsten drei Monate gegessen haben. Das war schon richtig toll. Aber ich weiß trotzdem nicht, ob ich es nochmal machen würde.

Es sei noch gesagt, dass es einige Homepages zu diesem Thema gibt (ich habe bisher nur Englischsprachige gefunden), die dir mit fertigen Plänen und Rezepten für dieses Mammutvorhaben helfen wollen. Damit ist dir dann ein Großteil der Planung abgenommen.

## 71. Liste auf der Gefriertruhe

Gewöhne dir an auf der Gefriertruhe immer eine Liste und einen Kugelschreiber liegen zu haben. Sobald du ein vorgekochtes Essen einfrierst, vermerkst du es mit dem Kochdatum auf dieser Liste. So verlierst du nicht den Überblick und kannst das eingefrorene Essen auch gleich auf deinem Essensplan für die nächste Woche berücksichtigen.

## 72. Ablagesystem für Papier in der Küche

Schaffe in der Küche ein Ablagesystem für Elternbriefe, Rechnungen die noch nicht bearbeitet sind, Einkaufslisten und allen anderen Papierkram der anfällt. Bei uns landeten immer sehr viele dieser Zettel im Laufe der Woche in der Küche und sorgten für Unordnung. Auch Pinnwände, die dazu dienen, diese Papiere aufzubewahren, sehen schnell unschön vollgestopft aus.

Da sich dieser Papierwulst meist nicht vermeiden lässt, sorge vor und schaffe einen Platz dafür. Entweder kannst du eine Schublade in der Küche dafür frei halten, wo diese Briefe und Mitteilungen aufgehoben werden, oder du besorgst ein spezielles Ordnungssystem dafür.

Bei uns sieht es seither auf jeden Fall in der Küche ordentlicher aus und ich weiß auch, wo ich suchen muss, wenn ich eine Adressliste vom Kindergarten oder den letzten Elternbrief der Schule finden will.

## 73. Was tun mit Essensresten

Das Kochen für Kinder ist manchmal unberechenbar. Mal schmeckt ihnen mein Essen bestens und am nächsten Tag wollen sie kaum etwas probieren. Daher fallen manchmal viele Essensreste bei uns an.

Damit Essensrest nicht immer in den Müll lande, habe ich eine Liste auf denen ich vermerke, was man mit den jeweiligen Resten noch kochen kann.

Offensichtlich ist natürlich, dass Nudeln oder Kartoffeln nochmal fürs Abendessen angebraten werden. Aus Gemüseresten werden Aufläufe, aus Wurstresten wird Wursteintopf. So müssen die Lebensmittel nicht weggeworfen werden.

Auch im Internet findet man viele Rezepte für Essensreste, die aus dem, was sonst im Müll landen würde, dann das nächste Mittagessen machen.

# Wocheneinkauf mit Kindern

Beim Wocheneinkauf gibt es natürlich die Möglichkeit diesen dann zu erledigen, wenn der Partner nach den Kindern schauen kann.

Dies geht jedoch nicht immer und ein gut geplanter Wocheneinkauf kann auch mit Kindern funktionieren. Dazu solltest du etwas Zeit zum Üben einrechnen. Unsere Kinder waren bei den ersten Einkäufen noch sehr anstrengend, sind das Einkaufen mit seinen Regeln aber inzwischen gewöhnt und es fällt uns nicht mehr schwer den Einkauf auch mit den Kindern zu erledigen.

Vielleicht noch kurz vorweg: Einkaufen braucht Zeit. Deshalb ist es sinnvoll so selten wie möglich einzukaufen. Dies erreichst du durch gute Planung der Mahlzeiten, die du kochen möchtest und durch einen Wochenplan der ja schon beschrieben wurde.

Nun aber zum Einkaufen mit Kindern.

## 74. Kläre die Regeln

Bevor wir mit unseren Kindern einkaufen gehen, klären wir auch heute noch die Regeln dazu. Sie wissen, dass sie nichts anfassen dürfen und sich zwar relativ frei bewegen dürfen, dabei aber immer in Sichtweite sein müssen. Außerdem ist ihnen klar, dass die Konsequenz, für Missachtung dieser Regeln ist, dass ihnen die Freiheit herum zu laufen, entzogen wird und sie ab da mit einer Hand am Einkaufswagen gehen müssen.

## 75. Was dürfen die Kinder aussuchen?

Generell gilt bei uns (auch beim Einkauf im Spielwarenladen), dass die Kinder nur sehr selten Artikel aussuchen dürfen. Hast du das nämlich einmal angefangen, werden die Kinder ab da bei jedem weiteren Einkauf so lange betteln, bis du nachgibst.

Es gibt allerdings zwei Ausnahmen von dieser Regel. Unsere Kinder dürfen jeweils eine Obst- oder Gemüsesorte pro Einkauf wählen und sich entweder einen Smoothie (ohne Zuckerzusatz) oder ein Gebäck aussuchen. Mit diesen Auswahlmöglichkeiten sind sie sehr zufrieden. Außerdem führt diese Wahlfreiheit dazu, dass sie schon so manches unbekannte Gemüse getestet haben, dass sie nie gegessen hätten, wenn ich es einfach serviert hätte.

## 76. Gehe immer zum selben Geschäft

Mache den Großteil deines Wocheneinkaufs immer im selben Geschäft. So kennst du das Sortiment und den Ort der Waren und sparst dir viel Zeit. Dadurch wird die Geduld deiner Kinder nicht zu stark ausgereizt. Alles Übrige kannst du dann direkt im Anschluss in einem weiteren Geschäft besorgen, damit du nicht ein zweites Mal zum Einkaufen fahren musst.

## 77. Lasse deine Kinder helfen

Beschäftigte Kinder machen keinen Unfug. Da wir wissen, welche Regale im Supermarkt als nächstes kommen, werden unsere Kinder immer schon mit einer kleinen Aufgabe voraus geschickt. So holen sie schon mal die Butter oder wiegen das Obst ab. Sie genießen diese Verantwortung und kommen in der Zwischenzeit nicht auf andere Gedanken.

## 78. Bringservice von Nahrungsmitteln

Nicht direkt zum Wocheneinkauf, aber doch zum Einkauf passend, will ich dir, falls du dies noch nicht kennst, den Bringservice vorstellen, den einige große Ketten inzwischen anbieten.

Hier kannst du deine Lebensmittel per App online auswählen und bekommst sie dann zum Wunschtermin nach Hause geliefert. Das erspart dir unter Umständen den einen oder anderen Einkauf.

Bei uns wird dieser Bringservice nur bei großen Familienfesten oder Feiern in Anspruch genommen, damit ich am Vortag nicht auch noch Einkaufen fahren muss.

Es gibt allerdings einige Nachteile dieser Dienstleistung. Insgesamt ist der Einkauf so natürlich etwas teurer, da die Lieferung ja auch berechnet wird. Viele Anbieter liefern aber ab einer bestimmten Summe auch kostenlos, wobei aber Getränke meines Wissens nach immer Transportkosten haben.

Weiter finde ich nicht so geschickt, dass ab und zu Lebensmittel angeliefert werden, die mit Macken sind, vor allem hatte ich das bisher bei Obst und Gemüse und das ich so im Supermarkt nicht aussuchen würde. Dies kann natürlich reklamiert werden, ist mir aber zu viel Aufwand.

Außerdem ist eine Lieferung in manchen ländlichen Gegenden nicht möglich.

Insgesamt kann dieser Service aber Arbeitszeit sparen und, auch wenn nur ab und zu genutzt, vielleicht doch eine Erleichterung sein.

# Ausmisten/ Entrümpeln

Mit Kindern sammelt sich über die Zeit so einiges an, das gilt nicht nur für das Spielzeug im Kinderzimmerschrank.

Durch den Zeitmangel stapelt sich auch in allen anderen Schränken irgendwann alles Mögliche ohne jede ersichtliche Ordnung. Dadurch finden wir nicht mehr, was wir suchen und zusätzlich erschwert die Unordnung das Putzen noch und frisst so wertvolle Zeit.

Deshalb rate ich dir dringen, immer mal wieder den einen oder anderen Schrank zu entrümpeln. Erst mal klingt das nach mehr Arbeit und das ist es auch. Aber das Ergebnis ist, dass du schneller bist im Sauber halten der neu geordneten Bereiche und zusätzlich weniger Zeit mit Suchen verbringst.

Fange am besten mit offenen und sichtbaren Fächern an, da dies direkt das Wohlgefühl im Raum steigert, wenn hier Ordnung einkehrt.

Nimm dir dann nicht zu viel auf einmal vor, sondern entscheide dich zunächst nur für eine einzelne Schublade, die besonders chaotisch ist oder ein einzelnes Schrankfach. So überforderst du dich nicht.

## 79. Entrümpele kleine Einheiten

Nimm dir nicht gleich ein ganzes Zimmer vor beim Entrümpeln. Denn meistens entsteht erst mal mehr Unordnung. Wenn du dir dann zu viel vorgenommen hast, sitzt du vielleicht im Chaos und hast keine Zeit mehr alles zu Ende zu bringen.

Wenn du also entrümpelst, dann nimm dir eine Schublade oder beispielsweise einen Bereich im Garderobenschrank vor. Das reicht. Nach und nach kannst du trotzdem alle Schränke und Ecken entrümpeln. Es braucht eben etwas mehr Zeit.

## 80. Ablauf beim Entrümpeln

Wenn du dir eine Schublade oder ähnliches vorgenommen hast, dann räume diese erst komplett aus. Nimm dir am besten direkt eine Mülltüte mit um anfallenden Müll zu entsorgen. Dann wische die Lade aus und sortiere die Gegenstände durch. Wirf großzügig weg, was du nicht mehr brauchst und verstaue die anderen Dinge wieder in der Schublade. Fasse dabei zum Beispiel alle Sonnenbrillen etc. in kleinen Kisten zusammen. So kehrt die Unordnung nicht gleich wieder ein.

## 81. Wohin mit den Dingen

Beim Entrümpeln musst du dich zwischen einigen Optionen entscheiden. Werfe ich die nicht mehr benötigten Gegenstände in den Müll, verkaufe ich sie oder spende/ verschenke ich sie? Lege dazu am besten gleich eine Mülltüte bereit und eine Kiste in die die Gegenstände wandern, die du verkaufen möchtest. Stelle diese als letzten Schritt der entrümpelten Kiste direkt bei Kleinanzeigen rein und bringe die anderen Dinge noch in derselben Woche weg, so liegen sie nicht unnötig herum.

# Ordnung halten durch geeignete Plätze

Chaos kehrt bei uns immer dann verstärkt ein, wenn die ganzen vielen Kleinigkeiten keinen geeigneten Platz haben an den sie hingehören. Dann fällt das Aufräumen besonders deinen Kindern schwer und auch die Dinge wiederzufinden ist nur schwer möglich, wenn sich keiner mehr erinnert, wo er sie hin geräumt hat.

Im Leben mit Kindern kommen immer wieder neue Herausforderungen auf uns zu, was das Schaffen von praktischen Ablagen, Kisten und Kleiderhaken angeht, wenn zum Beispiel dein Kind in den Kindergarten oder die Schule kommt oder plötzlich wieder mehr Spielsachen unterzubringen sind.

Deshalb ist das Schaffen geeigneter Plätze für all diese Dinge etwas, was besonders wichtig ist.

## 82. Ort für Schulranzen und Kindergartentasche

Bei uns im Flur musste man eine Zeitlang bei Betreten des Hauses immer erst mal um Kindergartentaschen und Schulranzen herumtänzeln um hereinzukommen.

Jetzt gibt es zwei zusätzliche Haken an der Wand für die Kindergartenrucksäcke und einen festen Platz im Garderobenschrank für den Schulranzen. Das lohnt sich sehr und die Kinder hängen inzwischen direkt beim Hereinkommen ihre Rucksäcke auf.

## 83. Organisation im Eingangsbereich

Eine der größten Problemstellen ist bei uns immer der Hauseingang. Hier ziehen die Kinder ihre Jacken und Schuhe an und aus und im Winter auch noch Schals, Handschuhe und Mützen.

Inzwischen habe ich das Problem weitestgehend gelöst und das obwohl unser Flur sehr schmal ist. Es gibt nun für Mützen, Handschuhe und Schals zwei große Schubladen unter der Sitzbank. Weiterhin gibt es zwei Haken pro Kind für ihre Jacken und Kindergartentaschen und eine Schuhablage für jeweils ein Paar Schuhe.

Natürlich haben die Kinder mehr Jacken und Schuhe und wir auch. Deshalb haben wir uns noch einen Garderobenschrank und einen zusätzlichen Schuhschrank angeschafft. Alle weiteren Jacken und Schuhe wandern dann dort hinein und sind so nicht mehr sichtbar. Außerdem stecken darin noch die Matschhosen und sind so auch direkt greifbar. Der Flur ist nun zwar etwas voll, sieht aber trotzdem ordentlich aus.

Du solltest auf jeden Fall offene Garderobenplätze weitestgehend vermeiden. Sie sehen immer überladen und wenig einladend aus und sind immerhin das erste, was man zu Gesicht bekommt, wenn man das Haus betritt.

## 84. Treppenkörbe

Wenn du wie wir in einem Haus mit mehreren Stockwerken lebst, dann kennst du das Problem, dass Gegenstände scheinbar immer im falschen Stockwerk landen. Um sich hier Laufarbeit zu ersparen gibt es bei uns Treppenkörbe.

Diese stehen jeweils oben und unten an der Treppe und wer gerade aufräumt, räumt Gegenstände, die ins andere Stockwerk müssen einfach zunächst in diesen Korb. Beim nächsten Gang nach oben können sie dann mitgenommen werden, sind aber in der Zwischenzeit trotzdem schon mal aufgeräumt.

Treppenkörbe gibt es auch in hübschem Design online zu kaufen.

## 85. Kinderkunstwerke würdigen

Meine Kinder sind wahre Künstler. Ihre Bilder sind wunderschön, allerdings produzieren sie auch Massen an Kunstwerken. Mein Tipp hierzu ist, dass du einen Platz schaffst an dem die Werke für ungefähr eine Woche ausgestellt werden.

Dafür hängst du zum Beispiel im Kinderzimmer eine Leine auf und befestigst die Bilder daran. Versehe die Bilder mit Datum und tausche dann immer das Bild aus, das am längsten hängt. So kannst du den Kinder zeigen, dass ihre Bilder gewürdigt werden, dann aber auch wieder abgehängt werden, damit neue Bilder Platz finden.

## 86. Kinderbilder aufbewahren

Was passiert mit den Bildern aber nachdem sie abgehängt werden? Lege für jedes Kind einen Leitz Ordner mit Folien darin an. Nun können die schönsten Bilder darin abgeheftet werden. Lasse die Kinder die Bilder immer wieder durchschauen mit dem Ziel, die Bilder auszusortieren, die sie nicht mehr brauchen. Meine Kinder finden viele Bilder nach einiger Zeit nicht mehr so schön oder wichtig und geben sie dann auch gerne ab. Nur die schönsten Bilder bleiben so auf lange Zeit bewahrt.

# Organisation von Wäsche und abgelegter Kleidung

## Wäsche

Ja, die liebe Wäsche. Bevor ich Kinder hatte, hätte ich mir nicht mal mit viel Fantasie ausmalen können, welche Wäscheberge ich mit drei Kindern zu bewältigen haben würde. Auch heute bin ich manchmal noch regelrecht erschlagen von den Bergen, die sich in meiner Waschküche manchmal türmen.

Trotzdem habe ich mit der Zeit einige Tipps gesammelt, die das Thema Wäsche etwas vereinfachen, auch wenn es wohl immer eine meiner größten Herausforderung in der Haushaltsführung mit Kindern bleiben wird.

### 87. Mehr Unterwäsche anschaffen

Wenn deine Kinder gerade noch am „Üben" sind, was den Toilettengang angeht, dann weißt du, wie hoch der Unterhosenverbrauch in dieser Zeit sein kann. Da es mir gleichzeitig gerade in dieser Zeit nicht immer gelang meiner Wäscheberge Herr zu werden, schaffte ich einfach einen weiteren Wochensatz Unterhosen an.

Das mag zwar etwas Geld kosten, erlöste mich aber von dem Problem wieder vor dem Kinderzimmerschrank zu stehen und keine Unterhosen mehr zu finden. Somit kann die nächste Fuhre Wäsche manchmal noch ein bisschen aufgeschoben werden.

## 88. Ersatzausstattung vom Flohmarkt

Das bringt mich auch gleich zum nächsten Punkt. Natürlich sollte unser Ziel sein die Wäsche im Griff zu haben aber jeder von uns weiß, dass das einfach nicht immer gelingt. Mir hat immer geholfen vom Flohmarkt nochmal einige Shirts, Pullis, Hosen und Jacken extra zu besorgen.

So wurden die Kosten für die Extraausstattung nicht zu hoch und ich hatte etwas mehr Luft wenn die Wäsche mal wieder im Verzug war. Außerdem ist es dann nicht ganz so schlimm, wenn die günstigeren Sachen Dauerflecken bekommen oder die Hosen mal wieder an den Knien durch sind.

## 89. Widerstandsfähige Hosen anschaffen

Mein Sohn verbringt gefühlt Zweidrittel seines Tages auf den Knien. Beim Spielen mit Autos, im Sand oder einfach nur so, ist das einfach seine Lieblingsposition. Das merke ich daran, dass es oft genau ein oder zwei Tage dauert, bis eine gerade gekaufte Hose an den Knien auch schon wieder Risse hat und unansehnlich ist.

Ich habe die letzten Jahre sehr viel Zeit an der Nähmaschine verbracht und da meine Nähkünste nicht allzu ausgereift sind, sahen die Hosen danach trotzdem einfach nicht schön aus und dazu noch geht mir dabei viel wertvolle Haushaltszeit verloren.

Jetzt habe ich endlich eine andere Lösung gefunden. Eine Freundin hat mich darauf hingewiesen, dass sich einige Hersteller darauf spezialisiert haben besonders widerstandsfähige Hosen für solche Jungs und Mädchen herzustellen, die besonders dick an Hosenboden und Knien genäht sind.

Seit ich das entdeckt habe, spare ich mir die Zeit an der Nähmaschine größtenteils und obwohl diese Hosen nicht ganz meinem Geschmack entsprechen, leisten sie für Kindergarten und Spielplatz trotzdem große Dienste.

## 90. Wäschekörbe an verschiedenen Orten

Wir haben zuhause drei Orte an denen Wäschekörbe stehen. Im Kinderzimmer, im Flur vor dem Bad und in der Nähe der Küche.

So kommen meine Kinder weniger in die Versuchung getragene Wäsche auf dem Boden liegen zu lassen. Denn wenn der Korb eher vor Augen ist und die Wege deshalb auch kürzer sind, landet die Wäsche öfter am richtigen Platz.

Der Korb vor der Küche hat den Sinn, dass wir auch im unteren Stockwerk einen großen Verbrauch an Wäsche haben. Ich wechsele häufig die Spüllappen und Geschirrtücher, sowie die Handtücher im Gästebad.

Außerdem können meine Kinder so, wenn sie verdreckt vom Garten kommen, ihre schmutzigen Kleider direkt entsorgen. So landet die Wäsche auch in diesem Stockwerk am rechten Ort und liegt nicht herum.

## 91. Kinderkleidung länger nutzen

Bei uns hat sich der Wäscheberg deutlich reduziert, als ich angefangen habe die Wäschestücke nicht mehr ganz so kritisch auszusortieren.

Ist da ein kleiner Fleck auf dem T-Shirt meiner Tochter? Damit kann sie auch morgen nochmal in den Kindergarten gehen. Sind die Knie der Hose etwas schmutzig? Die würden nach drei Minuten bei meinen Eltern eh wieder so aussehen und stören tut es die sowieso nicht. Also kann mein Sohn die Hose noch etwas länger anbehalten. Oder kann man das T-Shirt vielleicht erst nochmal zum Lüften aufhängen, und sich dadurch eine Wäsche sparen?

Gerade im Kindergarten werden die Pullis und Hosen meiner Kinder spätestens nach dem Frühstück dreckig und ich lasse sie inzwischen Kleidungsstücke mit kleinem Makel noch einen weiteren Tag anziehen. Das spart wirklich einiges an Wäsche und ich glaube, dass es die meiste Zeit nur für mich ein Problem war und alle anderen gar nicht gestört hat, wenn ein kleiner Fleck auf dem Pulli meiner Kinder war. Ich kann dir empfehlen diesen Abstrich zu machen. Es reduziert meine Wäscheberge erheblich.

## 92. Drei Tage Wäschetag

Der klassische Wäschetag reicht bei uns auf keinen Fall aus. Dazu produzieren meine Kinder einfach zu viel Wäsche.

Eine Bekannte, der es ähnlich ging, hat deshalb die Dreitagesregel eingeführt. Sie wäscht also von Montag bis Mittwoch so viele Maschinen Wäsche wie möglich und hat dann die restlichen Tage wäschefrei. Ich habe dieses System getestet und es funktioniert bis auf wenige Ausnahmen sehr gut. Dadurch kann ich nun an den anderen Tagen fokussierter meinen anderen Aufgaben im Haus nachgehen ohne ständig an die Wäsche denken zu müssen.

## 93. Denke über einen Trockner nach

Bis zur Geburt meines zweiten Kindes besaß ich keinen Trockner und ich weiß, dass es viele Argumente gegen diesen Haushaltshelfer gibt. Trotzdem rate ich dir nochmal über einen Trockner nachzudenken, wenn du mehrere Kinder hast. Die vielen kleinen Socken und Bodies aufzuhängen, frisst einfach sehr viel Zeit.

Außerdem kannst du die Wäsche, wenn du etwas Übung in der richtigen Trockendauer hast, direkt nach dem Trocknen falten und sparst dir so oftmals das bügeln der Wäsche, was nochmals eine Zeitersparnis bedeutet.

Wenn du die Argumente von Wasserbrauch und Kosten so wie ich trotzdem immer im Hinterkopf hast, dann kannst du ja nur jede zweite oder dritte Wäsche im Trockner trocknen und die anderen Ladungen trotzdem noch auf der Wäscheleine aufhängen. Vielleicht hilft dir das als Kompromiss.

## 94. Stelle dir einen Timer beim Waschen

Wenn du Waschmaschine und Trockner anwirfst, dann stelle dir einen Timer. So vergisst du im Trubel des Tages nicht, dass die Wäsche fertig ist oder der Trockner gelaufen ist und du kannst die Wäsche direkt knitterarm falten und aufräumen ohne nochmals nachbügeln zu müssen. Und du verhinderst, dass die Wäsche anfängt zu muffeln, weil sie vergessen in der Waschmaschine liegen bleibt.

## 95. Reduziere das Bügeln

Ich habe das bügeln in unserem Haushalt stark reduziert. Mir fehlt einfach oft die Zeit dafür. Und ich finde es inzwischen auch gar nicht mehr schlimm, wenn die Kindershirts etwas weniger glatt sind.

Wenn ich auf das Zusammenlegen direkt nach dem Trockner achte, ist das nämlich auch nicht schlimm. Natürlich gibt es Teile die gebügelt werden müssen, aber überlege dir doch einmal ob du nicht beim Bügeln Abstriche machen kannst und ob es wirklich so schlimm ist, wenn Kinderhosen ungebügelt bleiben und Sweatshirts mal etwas weniger faltenfrei sind.

## 96. Bügelarme Wäsche

Achte schon beim Kauf neuer Kleidungsstücke darauf, dass die Teile bügelarm sind. Vermeide zum Beispiel Leinenstoffe und entscheide dich zumindest manchmal für Stoffe mit einem geringen Synthetikanteil. Diese sind knitterärmer und müssen nicht so ausgiebig gebügelt werden.

# Abgelegte Kinderkleidung

Da unsere Kinder vor allem zu Beginn noch sehr schnell wachsen, nehmen die Berge an abgelegter Kleidung und nicht mehr getragener Schuhen oft innerhalb kurzer Zeit ungeahnte Ausmaße an. Deshalb ist ein System hierfür sehr wichtig. Denn nachträgliches Sortieren der Kleidung ist mühsam und oft bleibt dann doch alles ungeordnet in einer riesen Kiste auf dem Dachboden an die keiner so recht heran möchte.

Vorerst ist natürlich die Frage wichtig, ob ein Geschwisterkind gleichen Geschlechts die Kleidung irgendwann tragen wird oder nicht. Denn davon ist die Frage abhängig, was mit der abgelegten Kleidung geschehen soll.

Hier stelle ich nun also einige Tipps zum Sortieren und Aufbewahren dieser Kleidung vor.

## 97. Kiste für zu kleine Kleidung im Schrank

Kleidung, die meinen Kindern nicht mehr passt, wandert bei uns direkt in eine kleine Kiste im Kleiderschrank selbst. Wenn meine Tochter so also morgens eine Hose anzieht, die ihr zu kurz geworden ist, dann findet diese vorerst darin ihren Platz.

So wandert sie erstens nicht zurück zu den noch passenden Sachen und muss zweitens nicht sofort wo anders einsortiert werden. Ist die Kiste dann voll, wird sie weiter sortiert.

## 98. Nicht mehr tragfähige Kleidung aussortieren

Kleidung, die so große Löcher hat, dass sich ein Reparieren nicht mehr lohnt, die zu verwaschen oder fleckig ist, wird bei uns sofort aussortiert.

Dafür habe ich immer eine Tüte bereit (z.B. an der Kleiderstange im Schrank) in die diese Kleidung wandert. Diese Kleidungsstücke kommen also nicht in die Kiste der noch zu tragenden Sachen.

Ist die Tüte voll oder wenn es gerade auf dem Weg liegt, nehme ich sie mit und entsorge sie im Sammelcontainer. Hierzu habe ich extra nachgeforscht, dass solche Kleidung dort durchaus hinein darf und nicht im Restmüll entsorgt werden soll.

Diese Kleidung wird dann zum Beispiel zu Dämm-Material für die Baubranche oder Putzlappen verarbeitet.

Eine andere Verwendungsmöglichkeit ist, aus abgelegter Kleidung die nicht mehr verwendbar ist, selbst Dinge zu nähen, wie etwa Abschminkpads oder Putzlappen.

## 99. Sortieren der Kleidung fürs Geschwisterkind

Wenn bei euch ein Geschwisterkind gleichen Geschlechts die Kleidung des großen Bruders oder der großen Schwester irgendwann tragen kann, dann ist eine richtige Aufbewahrung und übersichtliche Sortierung wichtig.

Zunächst sei gesagt, dass du nach Geschlecht, Kleidergröße und Jahreszeit sortieren solltest.

Das Geschlecht wird bei mir auf der Kiste einfach mit M oder J, also Mädchen oder Junge, vermerkt.

Mit der Kleidergröße, die ebenfalls auf der Kiste angegeben wird, meine ich nicht die im Etikett abgedruckte Kleidergröße, sondern die tatsächliche, denn durch häufiges Waschen und das unterschiedliche Ausfallen der Kleidung stimmen die angegebenen Größen nicht immer mit der tatsächlichen überein.

Packe also die Kleidung, die dein großes Kind zuletzt getragen hat direkt in eine Kiste mit der Aufschrift der Größe, die dein großes Kind zuletzt hatte.

Meine Tochter trägt beispielsweise zurzeit Kleidungsgröße 128 und alles was ihr jetzt nicht mehr passt und in der kleinen Kiste im Schrank landet, wird also unter Größe 122 in einer Kiste verpackt. Dabei beschrifte ich lieber etwas kleiner, da sonst die Gefahr besteht, dass die Kleidung schon zu klein ist, wenn ich sie später von der Bühne hole.

Außerdem wird auf der Kiste noch entweder Frühling/Sommer oder Herbst/Winter vermerkt, da es ja nichts bringt die ganzen kurzen Hosen in der richtigen Größe dann im Winter auszupacken. Die Beschriftung auf meinen Kisten ist also zum Beispiel:

M 104 Frühling/ Sommer

## 100. Kleine Kisten verwenden

Es ist sinnvoll mehrere kleine Kisten einer Größe zu verwenden als zu Große. Diese bleiben am Ende dann doch nur halbvoll und nehmen zu viel Platz in Anspruch.

## 101. Markiere besondere Artikel auf der Kiste

Besondere Kleidungsstücke wie Matschhosen, Winterjacken, festliche Kleider oder Hemden werden bei mir auf den Kisten extra vermerkt, dass wenn ich mal speziell nach diesen Dingen suche, nicht mehrere Kisten geöffnet werden müssen.

## 102. Schuhe extra aufbewahren

Schuhe bewahre ich nur dann auf, wenn sie sich wirklich noch in sehr gutem Zustand befinden, da sie den Füßen des nächsten Kindes schaden können, wenn sie einseitig abgelaufen sind.

Dazu habe ich unsere Physiotherapeutin, die auf Kinder spezialisiert ist, mal befragt, was sie dazu meint und die Antwort war, dass sehr kleine Kinder Schuhe noch problemlos anziehen können, wenn sie gebraucht sind, da die Schuhgröße sich hier schnell ändert und die Schuhe meist nur sehr kurze Zeit getragen werden.

Später wird das dann schwieriger. Außerdem soll ich unten die Sohle anschauen und wenn ich feststelle, dass die

Schuhsohlen abgelaufen sind, müssen die Schuhe aussortiert werden. Denn dann sind sie für die noch sehr weichen Füße des nächsten Kindes nicht mehr geeignet und können sogar schaden.

Aufbewahrt werden die Schuhe, die noch zu tragen sind, bei mir auch in Kisten die wieder mit Geschlecht, Schuh-Art und Schuhgröße versehen sind. Hier vermerke ich also ob zum Beispiel Gummistiefel, Halbschuhe, Winterstiefel oder Sandalen in der Kiste sind, damit ich sie nur öffnen muss, wenn auch wirklich das passende darin ist.

## 103. KLEIDUNG DIE DU NICHT MEHR BRAUCHST

Kleidung, die von meinen Kindern keiner mehr anzieht, packe ich ebenfalls nach demselben System in beschriftetet Kisten. So kann ich bei Bedarf entscheiden, ob ich die Kleidung an eine Freundin mit Kindern weitergebe oder eventuell auf dem Flohmarkt verkaufe.

Ich verpacke sie deshalb auch beschriftet, dass wenn ich sie weitergeben will, ich nicht erst in allen Kisten suchen muss, sondern einfach die richtige Kiste mitgeben kann.

Wenn du die Kleidung nur auf dem Flohmarkt verkaufen möchtest, ist dies nicht unbedingt nötig, macht aber einen schnelleren Aufbau am Stand möglich.

# 104. Kleidung spenden

Kleidung, die ich nicht weiter gebe oder verkaufe, die aber noch in gutem Zustand ist, spenden wir. Es gibt hier verschiedene Möglichkeiten, man muss sich einfach etwas informieren.

Bei uns gibt es im Nachbarort einen Secondhandmarkt für bedürftige Familien. Dahin geht ein Großteil unserer Kleidung.

Dann kennen wir noch ein Paar, das Hilfstransporte in die Ukraine organisiert. Dorthin spenden wir ebenfalls Kleidung, weil wir dann wissen, dass diese auch ankommt.

Es gibt eigentlich in jeder Stadt Werke, die seriös sind und denen du deine Kleidung guten Gewissens spenden kannst, du musst dich eben einmal informieren und gegebenenfalls anrufen oder vorbei schauen. Das lohnt sich aber allemal, da es immer schön ist, dass die noch guten Sachen nun ein weiteres Mal Verwendung finden.

# Unangekündigter Besuch

## WIE DU DEIN ZUHAUSE IN KURZER ZEIT ANSEHNLICH MACHST

Kennst du das? Eine Freundin ruft an und sagt, sie könne in 30 Minuten da sein, ob du zuhause bist? Ich schon. Aber auch mit sehr wenig Zeit zu deiner Verfügung kannst du so einiges erreichen und dein Zuhause in einen angenehmen Zustand bringen.

Hierbei geht es jetzt NICHT darum dein Zuhause klinisch sauber zu machen, sondern darum eine oberflächliche Ordnung und Sauberkeit in kurzer Zeit herzustellen, damit du dich nicht allzu unwohl fühlst mit deinem Besuch. Natürlich ersetzt dies das wöchentliche Putzen nicht.

Damit du im Falle von Spontanbesuchen nicht in Panik ausbrichst und wie ein Huhn ohne Kopf planlos herum rennst, habe ich die nächsten Tipps also für dich zusammengestellt.

### 105. Welche Zimmer sind wichtig

Überlege dir kurz, welche Zimmer dein Besuch sehen wird. Schließe bei den anderen Zimmern einfach die Türen. Kommt deine Freundin zum Beispiel ohne Kinder, dann spielen die Kinderzimmer keine Rolle, denn dahin wird sie nicht gehen.

Nimm dir dann nur die Zimmer vor, die sie sehen wird und das in der Reihenfolge in der die Wahrscheinlichkeit abnimmt, dass die Zimmer betreten werden. So ist natürlich sicher, dass sie sich mit dir ins Wohnzimmer setzen wird und eventuell auf die Toilette muss, in die Küche wird sie dagegen nur vielleicht gehen. Arbeite also zuerst im Wohnzimmer und im Bad.

## 106. 3 Minuten für Boden und Flächen

Nimm dir circa 3 Minuten pro Zimmer, das dein Besuch zu Gesicht bekommt. Räume dabei im Eiltempo den Boden und die großen Flächen auf, denn diese fallen zuerst ins Auge und nach drei Minuten auf zum nächsten Zimmer auch wenn noch nicht alles erledigt ist. Bleibt am Schluss noch Zeit, dann kannst du hier immer noch aufräumen.

## 107. Toilette und Waschbecken

Schrubbe kurz die Kloschüssel aus und wische die Toilettenbrille ab. Hier ist das Ziel jetzt nicht hygienische Perfektion sondern oberflächliche Sauberkeit. Beim nächsten Badputz kannst du dann wieder gründlicher vorgehen.

Reinige außerdem kurz das Waschbecken und ersetzte das vielleicht nasse Handtuch.

## 108. Saugen und wischen.

Sauge nun schnell durch. Dabei gilt es vor allem Problemzonen wie die Krümel von der letzten Mahlzeit zu beseitigen. Nimm nun noch kurz einen nassen Lappen und beseitige offensichtliche Flecken auf dem Boden. Wenn dir nun noch Zeit bleibt, gehe die Bereiche noch an, die du zuvor übersprungen hast und versuche dann noch kurz zu verschnaufen bevor es klingelt.

## 109. Und was ist mit den Kindern?

Du fragst mich jetzt, was die Kinder in dieser Zeit machen? Du könntest sie durch ein kleines Spiel in das Vorhaben einspannen. Bei uns hilft es gut, wenn ich zum Beispiel sage: „…kommt gleich und sie ist ein Kontrolleur von Landessauberkeitszentrale. Schnell wir müssen alles in Ordnung bringen um den Test zu bestehen.“

Bei Kleinkindern hilft die schon erwähnte Entdeckerkiste gut oder wenn du sie kurz ins Tragetuch spannst.

In Ausnahmefällen schalte ich dann auch mal den Fernseher ein und erledige dann alles ungestört und im Eiltempo.

# Hausputz - die schnelle Version

Seit ich Kinder habe, bin ich vom ausgiebigen Hausputz so ziemlich abgekommen. Es gibt immer wieder Zeiten, wo mein Mann die Kinder mitnimmt und ich in Ruhe und voller Sorgfalt alles putzen kann. Aber dazwischen gibt es bei mir eine oberflächlichere Version dieses Putzens. Wie ich dabei vorgehe, stelle ich dir hier kurz vor.

## 110. 5 Minuten pro Zimmer

Ich nehme mir ungefähr 5 Minuten pro Zimmer um Boden und Flächen aufzuräumen.

Je nach Größe deines Zuhauses kann das zwischen 20 Minuten und 1 ½ Stunden dauern. Das ist dann schon kein schneller Hausputz mehr.

Hier empfehle ich dir ein Haus in Stockwerke aufzuteilen. Räume an einem Tag nur das Erdgeschoss auf, am anderen Tag nur das 1. Geschoss und so weiter. Bäder und Küche werden trotzdem geputzt.

## 111. Durchsaugen

Da ich einen Saugroboter habe, kommt dieser nach dem Aufräumen zum Einsatz. Er saugt also das eine oder andere

Zimmer und ich sauge manuell den Rest. Solltest du keinen Roboter haben, nimm dir circa 20 Minuten Böden und Treppen abzusaugen.

## 112. 10 Minuten im Bad

Putze in jeweils 10 Minuten Waschbecken und Toiletten. Dusche und Badewanne putze ich bei anderer Gelegenheit. Die Badewanne wird wie an anderer Stelle nach dem wöchentlichen Bad der Kinder geputzt und die Dusche putze ich meist sonntags, wenn ich Zeit habe in Ruhe zu duschen.

## 113. Nun die Küche

Nimm dir nun ungefähr 20 Minuten für die Küche. Werfe zuerst allen Müll und alle Essensreste weg und leere im Anschluss die Mülleimer. Wische nun alle Flächen ab und putze zuerst den Herd und dann das Spülbecken.

Wische eventuell kurz den Boden und im Anschluss die Bäder. Ausführlich zu wischen und auch abzustauben gehört bei mir in den Hausputz, wenn mein Mann die Kinder abnimmt.

Du solltest jetzt circa eine Stunde geputzt haben und damit ein recht ordentliches Zuhause geschaffen haben.

# Alles weitere

## 114. Betten beziehen am ersten Samstag

Meine Oma war noch eine Frau der alten Schule. Als ihr Mann in ihnen frühen Ehejahren sie mal fragte, ob sie nicht auch finde, dass das Bett muffelt, war sie sehr beschämt, da sie doch eine gute und gewissenhafte Hausfrau sein wollte.

Deshalb stellte sie für sich selbst die Regel auf, dass sie ab jetzt die Betten immer am ersten Samstag des Monats neu beziehen wollte. Diese Regel finde ich einprägsam und habe sie so übernommen.

Es muss aber nicht dieser erste Samstag sein. Wenn dir ein anderer Tag passender ist, dann wähle diesen aus. Hauptsache du machst eine feste Regel daraus.

Im Anschluss an die Tipps in diesem Buch findest du eine „wann habe ich zuletzt…“ Liste, die für solche Dinge gedacht ist. Vielleicht hilft sie dir ja.

## 115. Staubsaugerroboter anschaffen

Ich kann es mit Kindern nur absolut empfehlen: einen Staubsaugerroboter. Wir haben unseren gebraucht gekauft, da die guten dieser Haushaltshelfer doch recht teuer sind und er ist nun seit vielen Jahren täglich im Einsatz.

So räume ich häufig morgens noch schnell ein Kinderzimmer oder die Küche auf, stelle alles hoch und der Roboter übernimmt dann das Saugen.

Das klappt auch erstaunlich gut bei größeren Krümeln. Nur zu nass sollten sie nicht sein. So eben wie beim normalen Staubsauger auch.

Der Roboter ersetzt zwar keinen richtigen Staubsauger, aber er nimmt mir doch einiges an Arbeit ab.

Allerdings hat der Staubsaugerroboter auch einige Einschränkungen. Er eignet sich zum einen nur bedingt für sehr große Räume. Diese müssen für ein gutes Ergebnis durch passende Lichtschranken abgeteilt werden oder der Roboter braucht hier sehr viel Zeit.

Zum anderen ist der Einsatz eines Roboters nicht zu empfehlen, wenn du sehr viele Möbel und Dekoelemente in deinen Zimmern hast. Durch die vielen Hindernisse entstehen zu viele Ecken, die dann unter Umständen vom Roboter „übersehen" und so nicht ausreichend gereinigt werden.

Unser Zuhause ist eher spärlich möbliert und damit arbeitet der Roboter recht gut. Aber wie gesagt, ein richtiger Staubsauger ist trotzdem nicht damit zu ersetzen.

Außerdem muss auch auf eine regelmäßige gründliche Reinigung geachtet werden. Hierzu muss der Roboter dann soweit vom Hersteller ermöglicht, aufgeschraubt werden und innen gründlich gesäubert werden. Sonst sammeln sich Staub und Haare hier zu stark an und blockieren Räder und Motor, was dann zum Versagen und Defekt des Roboters führt. Auch das sollte man bei der Anschaffung bedenken.

## 116. Aufgaben die nicht wöchentlich anfallen

Es gibt viele Aufgaben, die nicht wöchentlich, sondern in anderen Abständen anfallen. Damit du hier nicht den Überblick verlierst, wann du was zuletzt gemacht hast, bietet es sich an eine Liste über solche Aufgaben zu führen auf der vermerkt wird, wann sie zuletzt erledigt wurden. Ein Beispiel von so einer Liste findest du weiter hinten im Buch.

## 117. Führe eine To-Do Liste für weitere Aufgaben

Aufgaben, die dir im Laufe des Tages auffallen, etwa das Streichen des Gartentors oder das Nachziehen der Schrauben beim Kellerregal, aber jetzt nicht erledigt werden können, sollten direkt auf eine Liste wandern, die du beispielsweise innen an einem deiner Küchenschränke befestigst. So werden sie nicht vergessen und schwirren nicht irgendwo in deinem Kopf herum.

Außerdem kann dann eingeteilt werden, ob du diese selbst erledigst, oder dein Mann diese Aufgabe bearbeiten kann. Manche der Aufgaben müssen vielleicht an einen Handwerker delegiert werden.

## 118. Einkaufslisten für andere Märkte

Ich habe in meinem Handy immer eine laufende Liste für den Drogeriemarkt, Baumarkt und das örtliche Möbelhaus. Fällt mir dann etwas auf, was fehlt, trage ich dies direkt in die Liste ein und sammle so erst einiges, bevor ich wieder einkaufen fahre. So spare ich mir einige zusätzliche Fahrten.

## 119. Esstisch pflegeleicht machen

Unser Esstisch ist geölt und hat dazu noch in der Mitte eine Lücke in der regelmäßig der Inhalt des umgeschütteten Glases versickerte. Inzwischen habe ich dem Abhilfe geschaffen.

Wir haben jetzt eine dünne Gummiauflage (gibt es online im richtigen Maß zu bestellen). Seither lässt sich der Tisch viel schneller abwischen und das Holz bleibt geschont und schön.

Und dazu noch sieht es gar nicht so schlecht aus und wir hatten schon öfter Gäste, die auf den ersten Blick dachten, wir hätten eine Glasplatte auf dem Tisch liegen.

Außerdem ist es nun auch nicht mehr so schlimm, wenn beim Basteln etwas Farbe auf den Tisch kommt. Im Notfall kann man das Ganze nach einigen Jahren dann wieder austauschen und es bleibt viel Stress am Tisch erspart.

# 120. Mache einen Haushaltsplan

Schreibe dir einen Wochenplan in dem die wöchentlichen Aufgaben auf die Tage verteilt werden. Berücksichtige dabei die Vorgaben die du durch deine Kinder im Moment hast und trage diese zuerst in den Plan ein. Sortiere dann deine Haushaltspflichten um diese Gegebenheit herum. Außerdem brauchst du einen Monats- und einen Jahresplan. Im Anschluss an diese Tipps findest du hierzu ein Beispiel.

# LISTEN

## WANN HABE ICH ZULETZT…

| DATUM: | | | | |
|---|---|---|---|---|
| ...die Fenster geputzt | | | | |
| …die Betten abgezogen | | | | |
| …den Gefrierschrank abgetaut | | | | |
| …den Backofen geputzt | | | | |
| …den Kühlschrank ausgewaschen | | | | |
| … die Mikrowelle gereinigt | | | | |
| | | | | |
| | | | | |
| | | | | |

# Wochen-, Monats-, Jahresplan

1. Notiere dir hier zunächst alle Aufgaben, die wöchentlich (W) erledigt werden müssen.

    - Spülmaschine aus-/ einräumen (T)
    - Bäder putzen (W)
    - Staubsaugen (W)
    - Abstauben (W)
    - nass wischen (W)
    - Pflanzen gießen (W)
    -
    -
    -
    -
    -

2. Schreibe dir nun auf, was einmal im Monat gemacht werden muss.
    - Heizkörper reinigen
    - Lampen entstauben
    -
    -
    -
    -
    -

3. Notiere nun alle Aufgaben, die seltener anfallen.

    - Küchenschränke reinigen
    - Fenster putzen
    - Vorhänge waschen
    - Tiefkühlgerät abtauen
    - Besteckschublade auswischen
    - Armaturen entkalken
    -
    -
    -
    -
    -

4. Übertrage diese Aufgaben jetzt in einen Putzplan. Im Folgenden findest du eine beispielhafte Einteilung.

| **Wöchent-lich** | **Monatlich** | **Viertel-jährllich** | **Halb-jährlich** | **Jährlich** |
|---|---|---|---|---|
| Gießen<br><br>montags | Lampen<br><br>Erster Samstag im Monat | Fenster<br><br>März, Juni,… | Vorhänge waschen<br><br>Januar, Juli | Tiefkühler<br><br>Januar |
| Abstauben<br><br>dienstags | … | … | … | … |
| … | … | … | … | … |

# Familien Putzplan

Den Putzplan deiner Familie kannst du entweder selbst basteln, oder aber online erwerben.

Ich zeige dir kurz, wie du einen solchen Plan aufteilen kannst, wenn du dich für das selber basteln entscheidest.

| **Aufgabe** | MAMA | PAPA | THALITA | MATTEO | LIANA |
|---|---|---|---|---|---|
| Saugen | | X | | | |
| Wäsche | X | | | | |
| Müll | | | X | | |
| Kochen | | X | | | |
| Tisch decken | | | | X | |
| Tisch abräumen | | | | | X |
| Abwaschen | X | | | | |

Gestalte den Plan dann möglichst bunt und entweder abwischbar, damit du die Pflichten in der nächsten Woche anpassen kannst, oder aber mit abnehmbaren Stickern oder ähnlichem. Deiner Fantasie sind hier keine Grenzen gesetzt. Wenn deine Kinder noch nicht lesen können, kannst du die Aufgaben durch passende Bilder ersetzen.

# Impressum

Autorin: Selina Langenscheid
ISBN: 9781074020712

1. Auflage Juni 2019

Druckerei: Amazon Media EU S.á r.l., 5 Rue Plaetis, L-2338, Luxembourg


Covergestaltung: Pixa Heros Stuttgart

## Weitere Bücher der Autorin

Hat ihnen das Buch gefallen? Dann Lesen oder hören sie doch auch das zweite Buch von Selina Langenscheid:

Was die LeserInnen über das Buch sagen:

***- Leicht verständlich und klar auf den Punkt gebracht -***

***- Die Autorin spricht aus meinem Herzen-***

***- Ein großartiger Ratgeber -***

Laut einer statistischen Erhebung leben vier von fünf Müttern in ständigem Stress. Als Folge davon haben sie mit Überforderung, Selbstzweifeln, Aggressionen, Schlafmangel, Kopf- und Rückenschmerzen zu kämpfen. Selina Langenscheid kennt das Gefühl, überfordert zu sein, nur zu gut.

***"Wir alle wollen gute Eltern sein, aber oft fehlt uns die Kraft für unsere Best of-Version."***

Mit diesem außergewöhnlichen Buch stellt die Mutter von drei Kindern, Erziehungsberaterin und Pädagogin ein einfaches und erfrischendes 10-Wochen-Programm vor, das ihren Familienalltag einfacher und bereichernder machen wird. Keine Sorge, es ist kein Masterplan für die perfekte Übermutter, sondern ein Leitfaden für unvollkommene Superheldinnen und Helden.

Kaufen sie sich nun auch das Buch oder Hörbuch „Eine gewöhnlich Supermum von Selina Langenscheid". Viele hilfreiche Tipps für ein gelingendes Familienleben warten darin auf sie.

Printed in Poland
by Amazon Fulfillment
Poland Sp. z o.o., Wrocław

73686839R00059